|전도핸드북|

주여, 나를 보내소서

전 도 핸 드 북
주여, 나를 보내소서

초판 1쇄 인쇄   2014년 5월 01일
초판 1쇄 발행   2014년 5월 07일

지은이   조용기

발행처   서울말씀사
편집인   이창국
출판등록   제11-105호

주 소   서울 강서구 허준로 217 가양테크노타운 306호
전 화   02)846-9222
팩 스   02)846-9225

ISBN 978-89-8434-653-6 (03230)

잘못 만들어진 책은 바꾸어 드립니다.

|전도핸드북|

주여, 나를 보내소서

조용기 _지음

서울말씀사

CONTENTS _ 차례

1부 _ 전도 로드맵

1 • 전도의 정의 _ 11
… 전도란 무엇입니까? _ 13
… 왜 전도해야 합니까? _ 17

2 • 전도의 내용 _ 29
… 무엇을 전해야 할까요? _ 31

3 • 전도의 대상 _ 43
… 누구에게 전해야 할까요? _ 45
… 전도대상자를 확보하는 것이 효과적일까요? _ 56

4 • 전도의 때와 장소 _ 59
… 전도는 어느 때에 해야 합니까? _ 61
… 전도는 어느 장소에서 해야 합니까? _ 64

5 • 전도자의 자세 _ 71
… 전도자의 자세는 어떠해야 할까요? _ 73

6 • 전도의 원칙 _ 91
… 어떻게 해야 보다 효과적일까요? _ 93

2부 _전도의 실제

1 • 전도의 실제 I _ 117
··· 전도를 잘하려면 어떻게 해야 하나요? _ 119
··· 전도 방법에는 어떤 것이 있습니까? _ 143
··· 다른 종교를 믿거나 이단 종파에 빠진 사람들은
    어떻게 전도해야 할까요? _ 192

2 • 전도의 실제 II _ 203
··· 반대의견 처리 방법 _ 205
··· 거절 유형별 응대 요령 _ 211
··· 새신자 양육법 _ 265

부록 _ 287

머리말

　기독교가 이 땅에 들어온 이래 한국 교회는 세계 교회사에서 유래를 찾아보기 힘든 경이적인 성장을 이루었습니다. 그런데 한반도의 급변하는 정세에도 불구하고 눈부신 성장을 거듭해 오던 한국 교회가 21세기로 접어들면서 성장이 둔화되기 시작하여 장기적인 침체로 가고 있다는 우려의 목소리가 높습니다. 이러한 침체 현상의 원인을 찾기 위한 다방면의 노력이 있겠지만 이와 아울러 전도에 대한 우리의 열정을 회복하는 것이 그 무엇보다 중요합니다.

　어느 시대를 막론하고 교회 부흥의 원동력은 죽어가는 영혼들을 향한 뜨거운 사랑이었습니다. 한국 교회의 성장에 크게 기여했던 우리 교회의 폭발적인 부흥 역시 성도들의 뜨거운 구령의 열정이 있었기 때문입니다. 특히 성령이 충만함을 받은 구역장들은 교회 부흥의 주역이었습니다. 너 나 할 것 없이 모두가 빨간 구역장 가방을 들고 동네 곳곳을 누볐습니다. 병든 자를 찾아가 기도해 주고 우는 자와 함께 울며 발 닿는 곳마다 생명의 복음을 전했던 것입니다.

　상황이 아무리 어렵다 할지라도 복음은 멈춰질 수 없습니다. 복음은 땅 끝까지 진군해 나아가야 합니다. 하나님은 상황이 아니라 사람을 통해 일하십니다. 우리 안에 영혼을 향한 사랑과 열정이 회복되면 하나님께서 이를 통하여 놀라운 일을 이루시고 하나님의 나라를 확장해 가실 것입니다. 그리고 우리는 복음이 닿는 곳마다 죽어가던 생명이 살아나는 참된 기쁨을 누리게 될 것입니다.

본서는 이를 돕기 위한 노력의 일환으로, 18년 전에 출간되었던 『전도는 어떻게 해야 할까요?』의 수정본입니다. 이론보다는 우리 교회의 성장 과정에서 체득한 경험과 전도의 현장에서 실제 부딪히게 되는 문제의 해결 방안들을 시대의 변화에 맞도록 수정하고 보완한 것입니다. 아무쪼록 이 책을 통해 예수 그리스도의 증인으로서 주님의 지상 명령인 전도에 더욱 힘쓰는 성도님들이 되시기를 바랍니다.

2014년 5월
여의도순복음교회
원로목사 조용기

1부
전도 로드맵

1. 전도의 정의

"너희는 온 천하에 다니며 만민에게 복음을 전파하라"

(막 16:15)

전도는 '길이요, 진리요, 생명'되신
예수 그리스도를 전하는 것입니다.
예수님이 죄 가운데 방황하는 자들을 구원해 주셨다는
기쁜 소식을 전하는 것입니다.

주연,나를 보내소서

전도(傳道)란 무엇입니까?

… 죄인을 하나님께 나아가게 하는 것입니다

전도란 불순종하여 하나님과 분리된 죄인들을 다시 하나님께로 되돌리는 것입니다. 죄를 지어 타락한 인간은 아무도 의롭다함을 받을 수 없었습니다. 그런데 좋으신 하나님은 우리를 사랑하사 독생자 예수님을 세상에 보내셔서 우리의 죄를 대속하셨습니다.

"하나님이 세상을 이처럼 사랑하사 독생자를 주셨으니 이는 그를 믿는 자마다 멸망하지 않고 영생을 얻게 하

려 하심이라"(요 3:16)

그러므로 이제 누구든지 예수님을 믿기만 하면 하나님 앞에 나아갈 수 있습니다.

"예수께서 이르시되 내가 곧 길이요 진리요 생명이니 나로 말미암지 않고는 아버지께로 올 자가 없느니라"(요 14:6)

전도란 길을 몰라 방황하는 자들에게 참된 인생의 길을, 진리를 모르는 자들에게 진리 그 자체를, 죽어가는 자들에게 영원한 생명을 전하여 주는 것입니다. 생명의 길이신 예수님께 사람들을 인도하는 것입니다. 예수님의 제자 안드레는 그의 형제인 시몬에게 메시아를 소개하고 그를 예수님께로 인도했습니다. 이것이 바로 전도의 모범적인 예입니다.

"그가 먼저 자기의 형제 시몬을 찾아 말하되 우리가 메시야를 만났다 하고 데리고 예수께로 오니 예수께서 보시고 이르시되 네가 요한의 아들 시몬이니 장차 게바라 하리라 하시니라"(요 1:41-42)

안드레가 한 일은 예수님을 만난 자신의 체험을 전한 것과 시몬을 예수님께로 인도한 일 두 가지뿐입니다. 이처럼 전도란 예수님을 모르는 이웃에게 예수님을 소개하고 만날 수 있도록 인도하는 것입니다. 그러므로 전도란 예수님을 진실로 믿는 사람이라면 누구나 참여할 수 있는 것입니다.

◆◆◆

… 내가 체험한 예수님을 전하는 것입니다

전도란 내가 만난 예수 그리스도 안에서 체험한 하나님의 은혜와 사랑과 삶의 변화를 다른 사람에게 증거하는 것입니다. 예수님께서 어떻게 내 구주가 되셨고 나의 필요를 채워 주셨으며 행복하게 해 주셨는가를 전하는 것입니다. 증인이란 주위에 어떤 시험과 핍박이 있어도 요동하지 않고 자신이 체험한 바를 그대로 증언하는 사람입니다.

그런 체험을 용감하게 증거 한 사람들이 성경에 수없이 나옵니다. 그 중 한 사람이 요한복음 9장에 나오는 한 맹인입니다. 이 청년은 예수님을 만난 후 안 보이던 눈이 보이게 되었습니다. 운명이 바뀌는 놀라운 체험을 한 후 예수님을 시기하던 바리새인들이 어떻게 해서 보게 되었느냐고 추궁하였을 때, 그의 부모는 예수님을 그리스도로 시인할 경우 유대교에서 출교될 것을 두려워하였으나 그는 그가 체험한 놀라운 사건을 그대로 증언하였습니다.

"그가 죄인인지 내가 알지 못하나 한 가지 아는 것은 내가 맹인으로 있다가 지금 보는 그것이니이다"(요 9:25)

이 청년은 이 때문에 바리새인들에게 내쫓겼지만 나중에 예수님을 다시 만나 영적인 맹인에서 해방되고 구원을 받는 놀라운 축복까지 누리게 되었습니다.

이처럼 전도는 우리가 예수님 안에서 체험한 부인할 수 없는 은혜를 담대하게 증거하는 것입니다. 영원히 죽을 수밖에 없는 우리의 영혼과 몸이 다시 살 수 있게 된 엄청난 기적을 진실로 체험했다면, 우리는 그러한 사실을 모르는 사람들에게 담대하게 전하지 않을 수 없습니다. 내가 체험한 예수님을 다른 사람들도 함께 체험하게 하는 것, 이것이 전도의 본질이요 핵심입니다.

왜 전도해야 합니까?

… 전도는 예수님께서 세상에 오신
목적이기 때문입니다

이 땅에 살고 있는 성도의 궁극적인 삶의 목표는 예수님을 닮아 그리스도의 장성한 분량에 이르는 것입니다(엡 4:13). 그러므로 예수님께서 행하신 일은 우리 생활의 모범이요 기준이 됩니다. 예수님께서 강조하신 일은 우리에게도 중요한 일이며 예수님께서 기뻐하신 일은 우리에게도 참된 기쁨이 됩니다.

예수님께서 이 땅에 오신 목적은 천국의 기쁜 소식을 전하여 죄인을 구원하시는 것이라고 말씀하셨습니다.

"이르시되 우리가 다른 가까운 마을들로 가자 거기서도 전도하리니 내가 이를 위하여 왔노라 하시고 이에 온 갈릴리에 다니시며 그들의 여러 회당에서 전도하시고 또 귀신들을 내쫓으시더라"(막 1:38-39)

이렇듯 예수님께서 공생애 기간 동안 하신 일이 천국 복음을 전파하고 귀신을 쫓아내며 병든 자를 고치시는 일이었습니다.

예수님께서는 천국 복음을 전파하실 때 수많은 대중에게 설교하시고 가르치시기도 하셨지만 틈만 나면 개인 전도를 하셨습니다. 제자들을 한 사람 한 사람 개인적으로 부르셨습니다. 개인에게 복음을 전하신 예수님을 본받아 우리도 전도해야 합니다. 우리 신앙생활의 본질이요 중심이 되시는 예수님이 이 세상에 오신 목적이 복음을 전하시는 것이므로 우리도 전도해야 합니다.

❖❖❖
… 전도는 예수님이 우리에게 주시는
최대의 명령이기 때문입니다

… 예수님께서는 33년 동안의 생애를 천국 복음 전하는 일로 보내셨으며, 우리의 죄를 대속하기 위해 십자가에서 죽으시고 부활하신 후 승천하실 때에도 제자들에게 전도하라고 당부하셨습니다.

> "그러므로 너희는 가서 모든 민족을 제자로 삼아 아버지와 아들과 성령의 이름으로 세례를 베풀고 내가 너희에게 분부한 모든 것을 가르쳐 지키게 하라 볼지어다 내가 세상 끝날까지 너희와 항상 함께 있으리라 하시니라"(마 28:19-20)

이것은 예수님이 제자들과 우리에게 주시는 최대의 명령입니다. 우리는 우리 삶의 주인 되시는 예수님의 명령을 따라 복음을 전파해야 합니다. 이것은 명령이므로 선택의 여지가 있는 것이 아닙니다.

여기서 우리가 깨달아야 할 것은 예수님은 우리에게 어렵고 힘든 명령을 하시는 분이 아니라는 사실입니다. 예수님은 우리를 하늘의 시민권을 가진 그의 자녀로 택하시고 부르시되 그 명령을 수행할 수 있는 능력도 주십니다. 바로 우리를 돕기 위해 와 계신 성령님이 도우시기 때문입니다. 성령님은 복음을 전할 때 그 증언이 참되고 진실하도록 기적과 능력으로 확증시켜 주십니다. 또 우리가 복음을 증거할 때 사단이 대적하지 못하도록 지켜주십니다.

◆◆◆

… 전도는 하나님께서 기뻐하시는 일이기 때문입니다

한 사람의 생명은 이 세상과 바꿀 수 없을 만큼 귀중합니다. 성경은 "죄인 한 사람이 회개하면 하늘에서는 회개할 것 없는 의인 아흔아홉으로 말미암아 기뻐하는 것보다 더하리라"(눅 15:7)고 말씀하고 있습니다.

하나님은 이 세상의 한 사람 한 사람을 위해서 독생자 예수님을 아끼지 않으시고 십자가에서 못 박혀 피 흘려 죽게 하셨습니다. 그러므로 한 영혼이 하나님의 사랑과 구원의 도를 깨닫고 믿음으로 나아올 때에 예수 그리스도의 피는 그 영혼에게 생명이 됩니다. 천국에서 기쁨의 노래가 울려 퍼지고 하나님은 잃은 양 한 마리를 찾은 목자처럼 기뻐하십니다.

전도하면 하나님께 큰 영광이 됩니다. 한 영혼 한 영혼이 계속해서 하나님께 돌아오는 것은 그만큼 원수 마귀의 세력이 약화되고 하나님의 나라가 신속히 이루어지는 표증이 됩니다.

◆ ◆ ◆

… 전도는 영적 성장의 비결이기 때문입니다

전도를 열심히 할 때 우리의 믿음은 하루가 다르게 성장하게 됩니다.

그리스도인의 영적 성장은 다음과 같은 네 가지 생활을 통하여 일어납니다.

첫째는 하나님의 말씀에 충실하는 것이요, 둘째는 하나님과의 영적 대화인 기도를 게을리 하지 않는 것이며, 셋째는 믿는 형제들과 사랑의 공동체를 이루어 교제하는 것이요, 넷째는 불신자들에게 전도하는 생활입니다. 이러한 네 가지 기본적인 요소가 신앙생활을 더 깊고 풍성하게 해 주는 기둥입니다.

이 중에서도 전도는 영적 성장의 큰 원동력이 됩니다. 그 이유는 말씀이 영의 양식이고 기도가 영적 호흡이라면 전도는 운동에 해당됩니다. 육체는 아무리 잘 먹고 호흡을 잘해도 운동을 하지 않고 누워 있기만 한다면 곧 비만증에 걸리고 근육이 허약해져서 쉽게 병들고 맙니다. 그러므로 영혼에 힘과 활력을 불어 넣어 주는 운동과 같은 전도를 함으로써 풍성한 하나님의 은혜가 임하게 됩니다. 전도하면 영혼이 살아나며 우리의 미지근하고 불확실한 신앙이 더욱 뜨겁고 성숙한 신앙으로 발전하게 됩니다.

◆◆◆

… 전도는 축복과 상급을 받는 일이기 때문입니다

전도는 믿음의 씨앗을 심는 행위입니다. 전도하기 위해

서는 시간과 정성과 물질이 필요합니다. 심지어 전도하는 가운데 멸시와 조롱과 심지어 핍박까지 받기도 합니다. 이 모든 정성은 하나님의 영광뿐만 아니라 우리들 자신의 복된 삶을 살기 위한 믿음의 씨앗이 됩니다. 전도자가 주님의 복음 전파를 위하여 시간을 드리면 풍성한 시간과 장수의 복을 받게 됩니다. 사랑과 인내로 심으면 하나님의 풍성한 사랑과 마음의 평강을 얻습니다. 물질을 심으면 물질의 복을 받게 되고 저주와 멸시와 핍박을 참고 심은 자는 위로와 화평과 기쁨을 얻게 됩니다. 그러므로 전도할 때 우리는 어느 것과도 비교할 수 없을 만큼의 영적, 물질적 복과 건강의 복을 얻게 됩니다. 물론 어려움도 따르지만 고난을 통하지 않고서는 상급을 받을 수 없습니다. 예수님은 고난 받는 전도자에게 하나님의 기적적인 복이 넘치게 될 것이라고 약속하셨습니다.

"예수께서 이르시되 내가 진실로 너희에게 이르노니 나와 복음을 위하여 집이나 형제나 자매나 어머니나 아버지나 자식이나 전토를 버린 자는 현세에 있어 집과 형제와 자매와 어머니와 자식과 전토를 백 배나 받

되 박해를 겸하여 받고 내세에 영생을 받지 못할 자가 없느니라"(막 10:29-30)

이처럼 참된 전도자는 복음으로 말미암아 현세뿐 아니라 천국에서도 큰 상급을 받게 됩니다. 우리 믿는 자들의 소원은 하늘나라에 있습니다. 잠시 있다가 안개와 같이 사라지는 이 세상에서 최선을 다해 그리스도의 복음을 전할 때 하늘나라에서 우리가 받게 될 면류관과 상급은 더욱 클 것입니다.

◆◆◆

… 전도는 사랑의 실천이기 때문입니다

예수님이 주신 새 계명은 '서로 사랑하라'는 것입니다.

"새 계명을 너희에게 주노니 서로 사랑하라 내가 너희를 사랑한 것 같이 너희도 서로 사랑하라 너희가 서로 사랑하면 이로써 모든 사람이 너희가 내 제자인 줄 알리라"
(요 13:34-35)

우리가 이웃을 향해 베풀 수 있는 최대의 사랑은 복음을 전해줌으로써 영원히 죽을 사람을 건져내어 영원한 생명을 얻게 하는 것입니다. 그러므로 불신자들이 듣든지 안 듣든지, 싫어하든지 좋아하든지 복음을 전함으로 구원을 얻게 하는 것이 최대의 사랑을 베푸는 행위입니다.

사랑의 구체적인 표현으로써 전도하게 될 때 하나님과 사람 앞에서 그리스도의 제자로 인정받게 됩니다. 내가 과연 주님께서 기뻐하시는 제자인지 아닌지의 판단은 지금 죽어가는 영혼들에게 복음을 증거하고 있느냐의 여부에 달려 있습니다. 복음 전도는 입술과 생각만으로 하는 사랑이 아니라 마음으로부터 우러나오는 참된 사랑의 실천적 행위이기 때문입니다.

◆◆◆

… 전도하지 않으면 화가 있기 때문입니다

"내가 복음을 전할지라도 자랑할 것이 없음은 내가 부득불 할 일임이라 만일 복음을 전하지 아니하면 내게

화가 있을 것이로다"(고전 9:16)

  하나님이 독생자 예수님을 통하여 우리를 자녀로 부르신 목적 중의 하나는 우리를 통해 많은 사람을 예수님께로 인도하기 위함입니다.

  복음은 이 세상의 어떤 소식과도 비교할 수 없는 기쁜 소식입니다(눅 2:10). 사도 바울은 이 복음을 예수님이 다시 오실 때까지 전하지 않고 버려둔다면 우리에 화가 미칠 것이라고 말합니다. 그리고 야고보서 4장 17절은 "그러므로 사람이 선을 행할 줄 알고도 행하지 아니하면 죄니라"고 말씀합니다. 이러므로 신자가 기회가 있음에도 불구하고 전도하지 않는 것은 죄입니다.

  우리가 구원받을 수도 있는 영혼들에게 복음을 전하지 않음으로 그 영혼을 잃어버린다면 장차 하늘나라에서 주님 앞에 드릴 말이 없게 될 것입니다. 이러므로 우리는 바울과 같이 전하지 않으면 화가 있으리라는 강한 소명감과 책임감을 가지고 전도해야 하겠습니다.

◆◆◆ **확인해 봅시다**

1. 전도란 무엇이며, 전도해야 하는 이유는 무엇입니까?
2. 죄인이 어떻게 해서 하나님께로 돌아올 수 있게 되었습니까?
3. 증인의 태도는 어떠해야 합니까?
4. 예수님께서 이 땅에 오신 목적과 우리에게 부탁하신 지상 명령은 무엇입니까?
5. 영적 성장을 위한 네 가지 기본 요소는 무엇입니까?
6. 전도를 하면 어떤 복을 받게 됩니까?

◆◆◆ **다음 성구를 기록하고 묵상해 봅시다.**

- 마 28:19-20
- 요 3:16
- 요 14:6

2. 전도의 내용

"우리가 다른 가까운 마을들로 가자 거기서도 전도하리니
내가 이를 위하여 왔노라"(막 1:38)

전도자는 그리스도의 증인이기 때문에
증인으로서 전해야 할 메시지를 분명하게 알고 있어야 합니다.
뿐만 아니라 그 메시지에 대한
절대적인 신뢰와 자부심을 가지고 있어야 합니다.
그리고 예수님을 만남으로 받은 놀라운 변화와 체험을 전해야 합니다.

주여, 나를 보내소서

무엇을 전해야 할까요?

… 예수 그리스도의 복음을 전해야 합니다

많은 성도들이 전도할 때 "예수 믿고 구원받으세요."라고 말합니다. 그러나 그 중 많은 사람들이 복음이 무엇인지에 대해서 성경적으로 확신 있게 설명하지 못합니다.

복음은 '복된 소식', '기쁜 소식'입니다. 넓은 의미에서 하나님의 말씀을 가리킵니다.

"하나님이 세상을 이처럼 사랑하사 독생자를 주셨으니
이는 그를 믿는 자마다 멸망하지 않고 영생을 얻게 하

려 하심이라"(요 3:16)

이 말씀을 중심으로 복음을 요약하면 일곱 가지로 간추릴 수 있습니다.

첫째, 하나님은 우리를 사랑하시는 '사랑의 하나님'이십니다.

하나님은 우리를 사랑하시되 독생자를 이 땅에 보내어 희생의 제물로 내어 놓을 만큼 사랑하십니다. 이 사랑이야말로 인간이 받을 수 있는 가장 큰 사랑입니다.

둘째, 모든 사람은 죄인이며 그 죄로 말미암아 이 세상에 가난과 질병과 죽음이 왔습니다. 그리고 죽은 후에는 지옥의 심판을 받게 됩니다.

우리는 모두 죄를 지었기 때문에 하나님의 사랑과 축복을 누릴 자격이 없습니다. 성경은 "모든 사람이 죄를 범하였으매 하나님의 영광에 이르지 못하더니"(롬 3:23)라고 말씀합니다.

이 세상에서 한 번도 죄를 짓지 않은 사람은 한 명도 없습니다. 성경은 "의인은 없나니 하나도 없으며"(롬 3:10)라고 말씀합니다. 이러므로 죄로 인해 인간과 하나님과의 대화가 단절되었고, 하나님의 사랑과 복도 잃어버리게 되었습니다. 그 대신 질병과 죽음과 가난의 저주 가운데 살게 된 것입니다.

셋째, 인간은 이러한 절망적인 상황을 벗어나기 위해 종교와 도덕 그리고 수양을 통해 끊임없이 노력해 왔습니다. 그러나 타락한 인간은 자기 스스로의 힘으로 이를 해결할 수 없었습니다. 죄로 말미암아 죽을 수밖에 없었습니다. 왜냐하면 거룩하신 하나님과 죄지은 인간 사이에는 넘을 수 없는 벽이 있기 때문입니다.

고행이나 수행도, 착한 일을 아무리 많이 해도 죄인 된 인간의 영적 문제는 해결되지 않습니다. 이는 우리의 경험을 통해 증명됩니다.

성경은 "너희는 그 은혜에 의하여 믿음으로 말미암아 구원을 받았으니 이것은 너희에게서 난 것이 아니요 하나님의 선물이라 행위에서 난 것이 아니니 이는 누구든지 자랑하지 못하게 함이라"(엡 2:8-9)고 말씀합니다.

이 말씀은 구원이 인간의 노력이나 행위로서가 아니라 하나님의 은혜로 받게 되는 것임을 분명히 가르치고 있습니다.

넷째, 사랑이 많으신 하나님은 죄로 인해 죽을 수밖에 없는 인간을 구원하시기 위해 예수님을 보내셨습니다. 그리고 예수님께서 우리 대신 십자가에 달려 죽으심으로 영원한 속죄를 이루게 하셨습니다. 이 속죄는 우리가 지은 과거, 현재, 미래의 모든 죄까지 다 속하신 것입니다. 성경은 "피 흘림이 없은즉 사함이 없느니라"(히 9:22)고 말씀합니다. 그러므로 오직 예수님의 피만이 우리를 모든 죄에서 깨끗하게 하실 수 있습니다.

또한 예수님은 우리를 대신해서 죽으셨을 뿐 아니라, 죽음에서 3일 만에 부활하셨습니다. 만약 예수님이 우리의 죄 때문에 죽으시고 부활하지 않으셨다면 우리는 죄에서 완전히 구원 받을 수 없었을 것입니다. 그러나 예수님께서는 부활하시므로 우리 구원의 확증이 되셨습니다.

다섯째, 인간은 예수님을 믿는 그 믿음으로 말미암아 구원을 받습니다. 이를 깨달은 사람은 죄를 하나님 앞에 회개하고 예수님을 구주로 믿어야 합니다.

'예수님을 믿는다'는 것은 예수 그리스도를 마음속에 구주로 영접하는 것입니다. 성경은 "영접하는 자 곧 그 이름을 믿는 자들에게는 하나님의 자녀가 되는 권세를 주셨으니"(요 1:12)라고 말씀합니다. 우리는 먼저 예수 그리스도의 말씀을 듣고 그것을 믿어야 합니다.

성경은 "네가 만일 네 입으로 예수를 주로 시인하며 또 하나님께서 그를 죽은 자 가운데서 살리신 것을 네 마음에 믿으면 구원을 받으리라 사람이 마음으로 믿어 의에 이르고 입으로 시인하여 구원에 이르느니라"(롬 10:9-10)고 말씀합니다.

그러므로 예수님이 우리를 초청하실 때 순종과 감사함으로 예수님을 구주로 영접해야 합니다. 누구든지 예수님을 구주로 고백하고 성령으로 거듭나면 그 즉시 하나님의 자녀가 됩니다.

여섯째, 예수님을 구주로 모시면 성령님의 도우심으로 하나님 나라의 백성이 되며 왕 같은 제사장이 됩니다. 그리고 모든 죄가 사해지고 하나님의 자녀로서 풍성한 은혜를 받게 됩니다. 전능하신 하나님의 자녀가 되었기 때문입니다. 우리는 전능하신 하나님을 삶의 자원으로 모셨기 때문에 이 세상의 어떠한 어려움과 환난도 능히 극복할 수 있습니다. 아울러 하나님의 자녀답게 하나님의 지혜를 가지고 하나님의 기쁘신 뜻을 따라 복된 삶을 살 수 있습니다.

일곱째, 구원받은 성도는 이 세상에 살면서 언제나 하나님 나라를 소망하며 이 세상의 심판이 있은 후에는 천국에서 영원토록 살게 됩니다. 예수님은 우리를 죄 가운데서 구속하시고 하나님의 백성으로 이 땅 위에서 복을 누리며 살게 하십니다. 뿐만 아니라 하늘나라에 영원한 처소도 예비해 두셨습니다.

성경은 "내 아버지 집에 거할 곳이 많도다 그렇지 않으면 너희에게 일렀으리라 내가 너희를 위하여 거처를 예비하러 가노니 가서 너희를 위하여 거처를 예비하면 내가 다시 와서 너희를 내게로 영접하여 나 있는 곳에 너희도 있게 하리라"(요 14:2-3)고 말씀합니다.

인생은 고향을 떠난 나그네의 여정과 같습니다. 이 여행이 끝나면 언젠가는 고향으로 돌아가게 됩니다. 우리가 돌아갈 하늘의 고향은 세상의 그 어떤 곳과도 비교할 수 없는 아름다운 곳입니다.

성경은 "만일 땅에 있는 우리의 장막 집이 무너지면 하나님께서 지으신 집 곧 손으로 지은 것이 아니요 하늘에 있는 영원한 집이 우리에게 있는 줄 아느니라"(고후 5:1)고 말씀합니다.

그러므로 죽음을 두려워할 필요가 없습니다. 세상의 많은 사람들이 죽음을 두려워 하지만 복음을 듣고 믿는 자들에게는 죽음이 곧 면류관을 쓰는 순간입니다. 하나님은 죽음 앞에서 우리에게 면류관을 씌우시고 영생하는 하나님 나라로 인도하십니다.

◆◆◆

… 복음의 능력을 전해야 합니다

복음을 믿고 전하는 자는 자신과 자신의 삶을 통해 기쁘고 복된 생활을 보여줄 수 있어야 합니다. 하나님의 나라는 말에 있지 않고 능력에 있다고 성경은 증거하고 있습니다

(고전 4:20).

그러므로 전도자는 먼저 자기 자신이 그리스도의 풍성한 은혜를 체험함으로써 복음이 복되고 기쁜 소식임을 증명해 줄 수 있어야 합니다. 전도자 자신이 복음의 열매로 오는 풍성한 삶을 살지도 못하면서 복음을 전한다면 웃음거리밖에 되지 않습니다. 그리스도의 복음은 생동하는 능력이요 기적이며 죽은 영혼을 살리고 없는 것을 있게 합니다. 또한 고통을 치료하고 절망을 소망으로 변화시키는 하나님의 능력입니다(롬 1:16). 그러므로 전도자는 먼저 이 복음의 능력을 체험하고 확신을 가져야 합니다.

그러나 오늘날 너무나도 많은 사람들이 생명력 없는 복음, 비성경적인 문자적 복음을 전함으로써 전하는 자나 전함을 받는 자 모두가 복음을 기쁜 소식이 아닌 무겁고 답답한 굴레로 여기는 비극이 연출되고 있습니다.

복음은 의무도, 종교적 규약도 아닙니다. 수고하고 무거운 짐 진 자를 편히 쉬게 해 주는 기쁜 소식입니다. 따라서 전도자는 눌린 자를 자유케 하며 사망에서 생명을, 절망에서 소망을, 불안에서 평안을, 가난에서 부요를 가져다주는 기쁜 소식을 전해야 합니다.

먼저 전도자는 영혼이 잘되는 복을 전해야 합니다. 예수님께서는 십자가 위에서 "다 이루었다"고 말씀하셨을 때 우리는 우리의 모든 과거, 현재, 미래의 죄가 하나님 앞에서 청산되었고 마치 한 번도 죄를 짓지 않은 사람처럼 부끄러움이 없이 하나님 앞에 설 수 있는 법적 자격을 얻게 되었습니다. 하나님과 인간 사이의 서로 원수 되었던 관계가 청산되고 올바른 관계로 회복된 것입니다.

우리가 예수님을 믿을 때 영의 창문이 활짝 열리게 됩니다. 그리고 그 때부터 성령이 임하시고 하나님은 그리스도 안에서 우리를 위해 예비해 놓으신 모든 지식이 그 창문을 통해 비치는 밝은 태양처럼 우리 마음속에 들어오게 되는 것입니다. 이로 인해 우리는 성령을 통해 하나님의 깊은 지식을 깨닫게 되고(고전 2:9-10) 그 선하시고 기뻐하시고 온전하신 뜻을 분별할 수 있게 되는 것입니다.

다음으로 환경의 복을 누리게 된다는 사실을 전해야 합니다. 죄를 범한 아담이 에덴에서 쫓겨난 이후로 인간의 환경은 저주를 받아 가시와 엉겅퀴를 내게 되었습니다. 바로 예수님께는 이러한 환경까지도 청산하시려고 십자가에 달리셨습니다. 복의 근원이신 하나님의 아들이 우리를 대신해 저주를 짊어지고 피 흘리심으로 저주의 세력을 멸하신 것입니다.

그래서 예수님을 믿으면 미움, 불안과 초조, 공포와 절망, 좌절감과 죽음, 죄책, 정죄, 이 모든 가시들이 다 제거되는 것입니다. 그리고 우리의 마음과 삶의 전반에 평화의 강물이 흐르고 그리스도의 풍성한 복이 주어지게 되는 것입니다.

또한 우리는 예수 그리스도 안에서 육체적 건강의 복을 누리게 됨을 전해야 합니다. 아담의 타락으로 다가온 육체적 죽음은 인간에게 질병까지 가져왔습니다. 예수님께서는 우리에게 영원한 생명을 주셨고 그 생명 안에서 우리에게 강건의 축복도 주셨습니다. 그러므로 우리가 남은 생애를 사는 동안 예수 그리스도의 대속에 입각해서 우리의 몸에 붙어 우리를 도적질하고 파괴하는 질병에 대한 치료와 건강의 회복을 단호하게 주장할 수 있는 것입니다(약 5:14-15).

예수님은 위대한 치료자이십니다. 따라서 우리가 예수님의 보혈을 의지하고 믿음으로 기도하면 질병의 결박에서 놓여날 수 있습니다. 이 치료자 하나님을 우리는 담대하게 전해야만 합니다.

◆◆◆ 확인해 봅시다

1. 복음의 의미는 무엇입니까?
2. 복음의 내용은 무엇입니까?(일곱 가지로 요약해 보십시오.)
3. 사람이 구원을 얻으려면 어떻게 해야 합니까?
4. 구원받은 사람은 어떤 변화를 체험할 수 있습니까?
5. 복음에는 어떤 능력이 있습니까?

◆◆◆ 다음 성구를 기록하고 묵상해 봅시다.

- 롬 1:16
- 롬 10:9-10

3. 전도의 대상

"주의 성령이 내게 임하셨으니 이는 가난한 자에게 복음을 전하게 하시려고 내게 기름을 부으시고 나를 보내사 포로 된 자에게 자유를, 눈 먼 자에게 다시 보게 함을 전파하며 눌린 자를 자유롭게 하고 주의 은혜의 해를 전파하게 하려 하심이라"(눅 4:18-19)

우리는 예수님의 복음을 믿지 않는 모든 이들에게 전해야 합니다. 그러나 복음을 전할 때 구체적으로 복음이 어떤 사람에게 필요한 것인가, 그리고 그 사람의 어떤 면에 강조점을 두고 복음을 전해야 할 것인가를 살펴볼 필요가 있습니다.

주여, 나를 보내소서

누구에게 전해야 할까요?

"너희는 온 천하에 다니며 만민에게 복음을 전파하라"(막 16:15)고 하셨습니다. 이 말씀에서 '너희'는 주님을 믿고 따르는 모든 성도를 가리킵니다. '온 천하'는 전도지(傳道地)입니다. '만민'은 전도 대상입니다. 그리고 '복음'은 전도의 내용을 의미합니다. 이 말씀은 전도를 가장 함축성 있고 간결하게 표현한 문장입니다. 또한 예수님께서는 사도행전 1장 8절에서 "오직 성령이 너희에게 임하시면 너희가 권능을 받고 예루살렘과 온 유대와 사마리아와 땅 끝까지 이르러 내 증인이 되리라"고 하심으로써 단계적으로 먼저 가정과 이웃, 우리 사회와 국가, 이웃 나라와 아시아, 그리고 온 세계까지 전도하라고 하셨습니다.

그러므로 우리는 먼저 가족과 친척, 이웃에서부터 전도하기 시작해서 세계 지도를 펼쳐 놓고 전 세계를 향하여 기도하고, 또 선교 사역에 참여해야 하겠습니다. 비록 우리가 직접 외국에 나가 선교사로 복음을 전하지는 못할지라도 기도와 물질 후원으로 선교 사역에 동참해야 합니다.

◆◆◆

… 영적으로 죽은 자에게 전도해야 합니다

죄로 말미암아 영이 죽은 사람들은 자신이 어디서 와서 무엇 때문에 살며 어디로 가는지 삶의 목적과 의미를 모르고 삽니다. 그저 먹고 마시면서 되는 대로 살다가 죽으면 그뿐이라고 생각합니다.

그들에게는 허무와 절망과 무의미와 죽음에 대한 끊임없는 두려움이 있을 뿐입니다. 그리고 그 가운데서 세상의 향락을 누리는 죄와 함께 악순환을 거듭할 뿐입니다.

육신의 정욕과 안목의 정욕과 이생의 자랑으로만 살아가는 자들에게 복음을 전해야 합니다. 영적으로 죽은 사람이란 세상 명예와 재물만을 인생의 목적으로 아는 사람들과 세상 지식을 가장 권위 있는 것으로 믿고 의지하는 사람들을 말합니다. 우리 주위에 그러한 사람들이 있으면 우리는 지체 없이 생명과 빛이 되시는 그리스도를 소개해야 합니다.

◆◆◆

… 질병으로 고통받는 자에게 전해야 합니다

우리는 누구보다도 병든 사람에게 그리스도의 복음을 전해야 합니다. 왜냐하면 예수 그리스도의 복음에는 병든 자를 치료하는 신유의 능력이 있기 때문입니다.

"믿는 자들에게는 이런 표적이 따르리니 곧 그들이 내 이름으로 귀신을 쫓아내며 새 방언을 말하며 뱀을 집어 올리며 무슨 독을 마실지라도 해를 받지 아니하며 병든

사람에게 손을 얹은즉 나으리라 하시더라"(막 16:17-18)

  인간의 질병은 근원적으로 아담이 범한 죄로 말미암은 것입니다. 따라서 병은 죄의 결과로써 마귀가 가져다 준 사망의 저주입니다. 그러므로 질병의 치료 또한 마땅히 그리스도의 십자가 대속의 은총 안에 포함되어 있습니다. 특히 인간의 힘으로 고칠 수 없는 질병은 하나님의 권능으로 치료해야 합니다.

  "예수님을 믿고 구원을 받으면 건강의 축복을 받습니다"

  이것이 바로 우리가 전할 복음의 메시지입니다. 우리가 믿는 복음은 영혼 구원의 복음일 뿐만 아니라 신유의 복음도 되기 때문입니다. 많은 사람들이 예수님을 믿고 병이 낫는다는 사실을 믿으려고 하지 않습니다. 그러나 성경 도처에 예수님의 피와 이름으로 질병의 근원인 원수 마귀를 쫓아내는 말씀이 증거되어 있습니다. 예수님은 공생애 기간 동안 거의 매일같이 병자를 고치시고 귀신을 쫓아내셨으며 죽은 자를 살리셨습니다. 그리고 우리의 구주가 되신 예수님은 오늘날도 성령을 통해 역사하십니다. 왜냐하면 예수 그리스도는 어제나 오늘이나 영원토록 동일하시기 때문입니다(히 13:8).

예수님이 이 땅에 오신 이후 오늘날까지 수많은 성도들이 예수님의 복음으로 온전한 구원을 얻고, 병을 치료받는 사건들이 계속되고 있으며 앞으로도 계속될 것입니다. 그러므로 우리는 깨닫지 못하고 믿음이 없어 의심하는 자의 비난에 귀를 귀울이지 말고, 병든 자들에게 예수 그리스도의 치료의 복음을 전해야 합니다.

◆◆◆

… 가난한 자에게 복음을 전해야 합니다

이 세상에서 가난만큼 인간을 비참하고 비굴하게 만드는 것은 없습니다. 가난 때문에 사람들은 자기 양심을 팔고 영과 육에 상처를 입으며 다른 사람을 해치고 죽이기까지 합니다. 가난은 또한 인간으로 하여금 인간답게 사는 대신 수치와 부끄러움과 탄식 가운데 부정적이고 비판적인 삶을 살게 합니다. 이 가난의 문제는 역사 이래로 모든 국가와 개인이 해결하려고 몸부림쳐 온 과제입니다. 그러나 물질의 풍요를 자랑하는 오늘날에도 이 가난의 문제는 해결되지 못하고 있습니다. 아직도 세계 곳곳에 먹지 못해 굶어 죽는 사람이 부지기수입니다.

이들에게 먼저 복음을 전해야 하는 이유는 무엇일까요? 그것은 예수 그리스도의 복음은 가난한 자를 부요케 하는 능력을 가지고 있기 때문입니다.

> "우리 주 예수 그리스도의 은혜를 너희가 알거니와 부요하신 이로서 너희를 위하여 가난하게 되심은 그의 가난함으로 말미암아 너희를 부요하게 하려 하심이라"(고후 8:9)

예수님은 부요하신 분이십니다. 그 분은 하늘과 땅과 그 가운데 있는 모든 만물을 지으시고 소유하신 하나님이십니다. 그럼에도 불구하고 예수님은 모든 것을 버리시고 초라한 마구간에서 태어나셨으며 평생을 가난하게 보내셨습니다. 그것은 그의 가난함으로 인해 우리로 부요하게 하기 위함이었습니다.

가난도 죄의 형벌로 다가온 저주입니다. 죄의 형벌인 가난도 예수 그리스도의 구속의 은총으로 해결 받을 수 있습니다. 따라서 가난한 이웃에게 그리스도의 부요케 하시는 복음을 전함으로 말미암아 그들이 가난의 문제를 해결할 수 있도록 해 주어야 합니다.

◆◆◆

… 외롭고 소외된 자에게 전해야 합니다

복음을 전해 주어야 할 또 다른 사람은 외롭고 소외된 자들입니다. 우리 주위에는 외롭고 쓸쓸하고 소외된 사람들이 많이 있습니다. 과부, 고아, 독거노인, 이혼한 부부와 그들의 자녀 등이 있습니다. 또한 이러한 외부적인 단절뿐 아니라, 내적인 외로움과 성격 때문에 고독으로 몸부림치는 사람들이 있습니다. 인정이 메마른 시대에 인생의 실패와 시련으로 낙담하며, 믿었던 이웃에게 배반당하고 절망하는 사람도 있습니다.

"주의 성령이 내게 임하셨으니 이는 가난한 자에게 복음을 전하게 하시려고 내게 기름을 부으시고 나를 보내사 포로 된 자에게 자유를, 눈 먼 자에게 다시 보게 함을 전파하며 눌린 자를 자유롭게 하고 주의 은혜의 해를 전파하게 하려 하심이라 하였더라"(눅 4:18-19)

예수님은 이 땅에서 언제나 외롭고 소외된 자들을 위해서 일하셨습니다. 가난하고 멸시받고 천대받는 사람들, 세리와 죄인들, 모든 사람이 피하는 나병환자, 과부와 고아들, 갈 곳이 없어 방황하는 무리들을 만나셨고 그들의 삶을 변화시켜 주셨습니다. 예수님은 그들을 '나의 친구'라고 부르셨고 친구를 위해 목숨을 버리면 이보다 더 큰 사랑이 없다고 하셨습니다. 또한 그들을 위해 십자가에 못 박혀 죽으심으로 친구되심을 증명하셨습니다.

그러므로 우리는 인간적인 방법과 수단으로는 채워지지 않는 외로움에 빠져 있는 사람들과 소외된 자들에게 참된 위로자이시고 친구되시는 예수님을 전해야 하겠습니다.

❖❖❖

… 참 만족과 기쁨이 없는 자에게 전해야 합니다

전도자는 기쁨과 평안이 없는 자들에게 예수 그리스도의 평강과 화평의 복음을 전해야 합니다. 많은 사람들이 겉으로는 행복해 보이지만 저마다 문제를 가지고 있으며 마음속에 참 기쁨과 만족이 없습니다. 그들에게는 일을 성취했을 때 느끼는 기쁨과 남을 도울 때의 보람과 돈을 버는 재미가 있고 생활이 주는 쾌락도 있을 것입니다. 그러나 이 모든 것들은 '잠시 있다 사라지는 안개'와 같습니다.

인간의 욕망은 한계가 없기 때문에 더욱 큰 만족과 기쁨을 추구하게 됩니다.

성경은 "모든 육체는 풀과 같고 그 모든 영광은 풀의 꽃과 같으니 풀은 마르고 꽃은 떨어지되 오직 주의 말씀은 세세토록 있도다"(벧전 1:24-25)라고 말씀합니다.

그러므로 세상적인 것으로 참된 만족과 기쁨을 누리지 못하는 사람들에게 주의 말씀 곧 예수 그리스도의 복음을 전해야 합니다. 예수님을 마음에 모시고 누리는 기쁨은 체험해 본 사람들만이 알 수 있습니다.

하나님이 주시는 기쁨은 이 세상의 것과 비교될 수 없을 뿐만 아니라 세상의 환경적 조건들을 초월합니다. 예수 그리스도의 평안을 소유한 자는 "근심하는 자 같으나 항상 기뻐하고 가난한 자 같으나 많은 사람을 부요하게 하고 아무 것도 없는 자 같으나 모든 것을 가진 자로다"(고후 6:10)입니다.

◆◆◆

… 형식적인 그리스도인에게 전해야 합니다

교회는 나가지만 실제로 주님과 개인적인 만남을 갖지 못하고 그 마음과 삶 속에 성령님이 역사하시지 않는 사람들에게도 복음을 전해야 합니다.

오늘날 교회는 다니지만 실제로 그의 삶에서, 가정에서, 직장에서, 학교에서, 사람들 앞에서 예수 믿는 것을 부끄러워하고 오히려 숨기려는 사람들이 있습니다. 예수님을 믿는 것인지 안 믿는 것인지 불확실한 사람들이 있어 오히려 복음 사역에 방해가 되는 경우가 있습니다.

성경은 이러한 사람과 교회를 향하여 무섭게 경고하십니다. "내가 네 행위를 아노니 네가 차지도 아니하고 뜨겁지도 아니하도다 네가 차든지 뜨겁든지 하기를 원하노라 네가 이같이 미지근하여 뜨겁지도 아니하고 차지도 아니하니 내 입에서 너를 토하여 버리리라"(계 3:15-16)고 하셨습니다. 예수님도 "나더러 주여 주여 하는 자마다 다 천국에 들어갈 것이 아니요 다만 하늘에 계신 내 아버지의 뜻대로 행하는 자라야 들어가리라"(마 7:21)고 하셨습니다.

그러므로 우리는 형식적으로 교회 생활만 하면서 실제로는 참된 신앙과 생명력을 가지지 못한 신자들이 주위에 있다면 권면해야 합니다. 그래서 그들의 삶이 성령 충만하여 예수 그리스도 중심의 삶이 되도록 인도해야 합니다.

전도 대상자를 어떻게 확보하는 것이 효과적일까요?

전도의 목표와 구체적인 전략 없이 무작정 길거리로 나가서 전도해서는 안 됩니다.

보다 가능성 있는 전도 대상 자원을 확보하고 집중적으로 공략해야 합니다.

첫째, 우리 교회 예배에 한 번이라도 참석하였거나 다닌 적이 있는 사람들을 공략해야 합니다. 그러기 위해서는 교인 명단뿐 아니라 방문자의 인적사항까지 알아두는 것이 중요합니다.

둘째, 오래된 교인들의 주변에는 믿지 않는 사람들이 적으나 일반적으로 새신자 주변에는 믿지 않는 친척과 친구들이 많습니다. 그러므로 새신자를 중심으로 한 관계 전도 전략을 세워야 합니다.

셋째, 주일 학교에 출석하는 아이들의 부모 중 믿지 않는 부모는 좋은 전도 자원이 됩니다.

자신들의 아이가 주일 학교에 출석하여 영적으로 성장하고 변화되는 모습을 지켜보았기 때문입니다. 교회 학교 교사와 함께 가정방문이나 면담을 통해 전도하는 것이 효과적입니다.

넷째, 새로 이사온 가정은 반드시 전도대상자로 삼아야 합니다. 우리 지역에 새로 이사 온 사람들을 정기적으로 조사하여 구역별로 전입자 명단을 작성해두고 집중적으로 공략해야 합니다.

다섯째, 평소 안면이 있는 이웃과 단골 거래처(마켓, 미장원, 세탁소, 식당 등)와 같이 복음을 제시하기가 비교적 용이한 사람을 택해야 합니다.

여섯째, 지자체에서 설립한 각종 교육 복지 시설 즉 경로당, 양로원, 보육원 및 병원 등에 수용된 사람들을 중점 전도 대상 자원으로 활용할 수 있습니다.

◆◆◆ 확인해 봅시다

1. 전도는 누가 누구에게 하는 것입니까?
2. 전도자가 복음을 전해야 할 곳은 어디입니까?
3. 복음은 어떤 사람들에게 우선적으로 전해져야 합니까?
4. 참된 신앙과 생명력을 가지지는 못했지만 교회 생활을 하고 있는 신자들에게도 전도가 필요합니까?

◆◆◆ 다음 성구를 기록하고 묵상해 봅시다.

- 막 16:15
- 눅 4:18
- 행 1:18

4. 전도의 때와 장소

"하나님이 저 사람들에게 복음을 전하라고
우리를 부르신 줄로 인정함이러라" (행 16:10)

우리의 힘과 능력으로
전도하는 것이 아니라는 것을 명심하고
늘 성령님의 인도하심을 구해야 합니다.

주여, 나를 보내소서

전도는 어느 때에 해야 합니까?

… 때를 얻든지 못 얻든지 전도해야 합니다

전도는 우리의 사명입니다. 그러므로 우리는 언제나 전도해야 합니다.

사도 바울은 디모데에게 "너는 말씀을 전파하라 때를 얻든지 못 얻든지 항상 힘쓰라 범사에 오래 참음과 가르침으로 경책하며 경계하며 권하라"(딤후 4:2)고 당부하였습니다.

사는 동안 우리는 무시로 전도해야 합니다. 전도는 기분이 좋을 때, 혹은 마음이 내킬 때 하는 것이 아닙니다. 때를 얻든지 못 얻든지 전도해야 합니다.

예수님은 십자가에 달려 돌아가시는 고통의 순간에도 "예수여 당신의 나라에 임하실 때에 나를 기억하소서"(눅 23:42)라고 하는 한 강도의 외침을 외면하지 않으시고 구원의 은총을 베푸셨습니다. 예수님께서는 복음을 전함에 있어서 시간에 제한을 두지 않으시고 언제나 복음을 전하셨습니다. 우리도 예수님을 본받아 영혼을 구하는 일에 시간의 제한을 두지 않고 언제든지 힘차게 주의 복음을 전해야 합니다.

◆◆◆

… 성령의 인도에 따라서 전도해야 합니다

빌립이 주의 사자의 명령을 따라 광야로 가서 에티오피아의 국고를 맡은 내시에게 전도하고 세례를 베풀었습니다. 이처럼 전도의 기회는 전도자가 미처 생각하지 못했을 때 생길 수도 있습니다. 기회는 하나님의 섭리에 따라 성령님이 마련해 주시는 것이므로 놓치지 말아야 합니다.

성경 로마서 10장 15절 말씀에 "보내심을 받지 아니하였으면 어찌 전파하리요 기록된 바 아름답도다 좋은 소식을 전하는 자들의 발이여 함과 같으니라"고 한 것처럼 하나님이 전파하라고 하신 그 때가 전도를 할 수 있는 시간입니다. 여기서 우리가 주의해야 할 일은 복음을 억지로 강요해서는 안 된다는 것입니다. 우리의 힘과 능력으로 전도하는 것이 아니라는 것을 명심하고 늘 성령님의 인도하심을 구해야 합니다.

전도는 어느 장소에서 해야 합니까?

… 가정에서 전도해야 합니다

그리스도인은 자신의 가족에 대한 전도를 소홀히 해서는 안 됩니다. 예수님은 복음을 예루살렘과 온 유대, 그리고 사마리아와 땅 끝까지 전하라고 말씀하셨습니다(행 1:8). 그러므로 우리는 먼저 자신의 가족과 친척들에게 복음을 전함으로 가정이 온전히 구원받게 해야 합니다. 가정이 예수 그리스도의 복음으로 하나 되지 않으면 화목한 가정을 이룰 수 없기 때문입니다.

❖❖❖

⋯ 장거리 여행하는 교통편에서 전도해야 합니다

비행기, 기차, 버스 또는 자동차를 함께 타고 가는 사람들에게 전도할 수 있습니다. 옆자리에 앉은 사람이 우연히 같은 차를 탔다고 생각할 수도 있지만, 하나님이 그 사람에게 복음을 전하라고 보내신 것일 수도 있습니다. 만약 그렇다면 그것이 얼마나 복된 만남이 되겠습니까? 그러므로 우리는 교통편을 이용할 때 그저 시간을 보낼 것이 아니라 마음속으로 성령께 간구하여 복음을 전해야 할 사람이 누구인가를 묻고 그 음성에 따라 전도해야겠습니다.

❖❖❖

⋯ 거리에서 전도해야 합니다

예수님과 사도들은 전도의 장소로 특별한 곳을 택하지 않았습니다. 그들은 거리나 우물가, 그리고 복음을 필요로

하는 사람들이 있는 곳이라면 가리지 않고 복음을 전했습니다. 마찬가지로 우리도 길거리나 공원, 놀이 시설이나 역 등 복음이 필요한 곳이라면 어디든지 가리지 않고 하나님의 인도하심을 따라 복음을 전해야겠습니다.

◆◆◆

… 직장에서 전도해야 합니다

세상에서 빛과 소금의 역할을 해야 하는 성도들은 자신의 삶의 터전에서 열심히 복음을 전해야 합니다. 예수님을 구주로 영접한 지 오래 되었음에도 불구하고 같은 직장에서 일하는 동료들이 예수를 믿는지 안 믿는지 모르고 있다면 그것은 신앙생활의 열매가 없다는 증거입니다.

같은 직장에서 일하는 동료에게는 다른 직장에 있는 사람보다 복음을 전할 기회가 훨씬 많습니다. 그리고 그 사람에 대해서도 잘 알고 있기 때문에 어렵지 않게 복음의 접촉점을 찾을 수 있습니다. 이렇게 같이 일하는 동료들을 주께로 인도하면 직장에서 신앙생활을 하기가 훨씬 쉬워질 것입니다. 그러므로 예수님을 믿는 성도들은 주일에만 크리스천으로 행세할 것이 아니라 자신이 일하는 직장에서도 담대하게 복음을 증거하는 증인의 삶을 살아야 하겠습니다.

이를 위해서 믿는 동료들이 신우회를 결성하여 활동하는 것은 매우 바람직한 일입니다. 자신이 일하는 직장의 신우회에 가입하여 열심히 활동하며, 또 만일 신유회가 조직되어 있지 않으면 이를 위해 기도하고 준비하여 신우회 활동을 할 수 있도록 해야 합니다.

◆◆◆

… 병원에서 전도해야 합니다

크리스천인 의사나 간호사, 간병인 등은 복음을 전할 수 있는 최적의 장소에 있는 것입니다. 환자들은 대부분 병으로 인해 몸과 마음이 약해져 있기 때문에 복음을 쉽게 받아들입니다. 환자들은 육체적으로 고통스럽고 정신적으로 불안한 상태이며 때로는 절망 가운데 우는 일도 있습니다. 이럴 때 그들을 위해 정성껏 기도해 주고 말씀을 전한다면 쉽게 마음을 열고 복음을 받아들이게 될 것입니다.

◆◆◆

⋯ 교도소에서 전도할 수 있습니다

멸망하는 영혼이 있는 곳은 어느 곳이든지 전도할 수 있는 곳입니다. 그렇기 때문에 구치소나 교도소 감방 안에 있는 죄수들에게 그리스도의 복음의 빛을 비추어 주는 것은 참으로 귀한 일입니다. 우리는 극악한 죄를 짓고 사형 선고를 받은 죄수가 복음을 듣고 구원받아 사형이 집행되기 전에 자신의 장기를 기증했다는 소식을 어렵지 않게 듣고 있습니다.

외형적인 제재나 형벌은 잠시 죄의 문제를 억제할 수 있을 뿐입니다. 따라서 인간의 근본적인 죄의 문제를 해결하는 길은 오직 예수 그리스도의 복음밖에 없습니다. 그러므로 갇힌 자들을 구원하기 위해 할 수 있는 여러 가지 방법을 동원해 그들이 그리스도를 주로 영접하여 이전의 삶을 청산하고 옳은 길을 갈 수 있도록 힘써야 합니다.

❖❖❖ 확인해 봅시다

1. 전도해야 할 때는 언제입니까? 시간의 제한이 있습니까?
2. 전도의 문은 누가 열어 줍니까?
3. 전도해야 할 곳은 어디입니까? 장소의 제한이 있습니까?
4. 가장 먼저 전도해야 할 곳은 어디입니까?

❖❖❖ 다음 성구를 기록하고 묵상해 봅시다.

- 롬 10:15
- 딤후 4:2

5. 전도자의 자세

"내가 달려갈 길과 주 예수께 받은 사명
곧 하나님의 은혜의 복음을 증언하는 일을 마치려 함에는
나의 생명조차 조금도 귀한 것으로 여기지 아니하노라"
(행 20:24)

전도에 있어서 가장 중요한 것은 전도자의 마음 자세와 준비입니다.
하나님은 아무리 훌륭한 사람이라도 준비되어 있지 않다면
사용하지 않으십니다. 예수님도 복음을 전하시기 전에
40일을 금식하시고 마귀의 시험을 물리치면서
철저한 준비를 하셨습니다.
그러므로 전도자들도 전도에 임하기
전에 철저히 준비해야만 합니다.

주연, 나를 보내소서

전도자의 자세는 어떠해야 할까요?

… 확실한 구원의 체험이 있어야 합니다

전도자의 첫 번째 자격은 무엇보다도 예수님을 확실히 만난 체험이 있어야만 합니다. 전도란, 자신이 체험한 하나님의 은혜를 사실 그대로 다른 사람에게 전하는 것을 의미합니다. 예수 그리스도가 누구신지 확실하게 알고 그리스도를 통해 거듭나는 체험을 한 사람만이 올바른 전도를 할 수 있습니다.

"또 증거는 이것이니 하나님이 우리에게 영생을 주

신 것과 이 생명이 그의 아들 안에 있는 그것이니라 아들이 있는 자에게는 생명이 있고 하나님의 아들이 없는 자에게는 생명이 없느니라"(요일 5:11-12)

예수님을 만나고 따르는 자만이 사람을 낚는 어부가 될 수 있습니다(마 4:19). 맹인이 맹인을 인도할 수 없다고 성경은 말하고 있습니다(마 15:14). 전도자는 요한복음 9장에 등장하는 예수님을 만나서 눈을 떴던 청년처럼 "한 가지 아는 것은 내가 맹인으로 있다가 지금 보는 그것이니이다"라고 고백할 수 있어야 합니다.

자신에게 구원의 확신이 있는지 없는지는 전도를 한 번 해보면 알 수 있습니다. 다른 사람에게 담대하고 자신 있게 전도하지 못하는 사람은 아직 확실한 구원의 체험을 하지 못한 사람입니다. 그런 사람은 전도하기 전에 예수님을 개인적으로 만날 수 있도록 기도해야 합니다. 그러면 하나님이 구원의 확신을 주실 것입니다. 사도 바울은 데살로니가 교인들에게 "하나님의 사랑하심을 받은 형제들아 너희를 택하심을 아노라 이는 우리 복음이 너희에게 말로만 이른 것이 아니라 또한 능력과 성령과 큰 확신으로 된 것임이라 우리가 너희 가운데서 너희를 위하여 어떤 사람이 된 것은 너희가 아는 바와 같으니라"(살전 1:4-5)고 확신 있는 고백을 했습니다. 우리도 예수 그리스도가 십자가 위에서 흘리신 보혈에 대한 이와 같은 확신을 가지고 담대하게 나아가야 합니다.

◆◆◆

… 전하지 않고는 견딜 수 없는 마음이 있어야 합니다

전도자는 확실한 구원의 체험과 함께 전도하고 싶어서 견딜 수 없는 마음이 있어야 합니다. 전도하고 싶은 마음은 하나님이 위로부터 주신 사명감입니다. 또한, 전도해야겠다는 마음은 다른 사람들의 영혼에 대한 뜨거운 사랑에서 우러나오는 마음입니다.

물에 빠진 사람이 우리 앞에서 허우적거린다고 생각해 보십시오. 마음 편하게 구경만 하고 있을 사람은 아무도 없을 것입니다. 뛰어들어가 구출하든지 아니면 발을 동동 구르며 안타까워할 것입니다. 전도도 이와 마찬가지입니다.

우리의 부모, 형제, 자매, 친구들이 지금 멸망의 수렁 속에 빠져 들어가고 있습니다. 내가 지금 구해 내지 않으면 저들은 영원히 불타는 지옥으로 들어갈 것입니다. 이러한 상황에서 믿는 자라면 그들에게 예수 그리스도의 구원의 생명줄을 던지지 않을 수 없을 것입니다.

전도는 죽어가는 심령들을 사랑하고 불쌍히 여기는 마음과 저들을 살리겠다는 투철한 각오를 하고 행할 때 열매를 맺게 됩니다. 그러므로 믿지 않는 가족과 친척과 이웃을 위해 대신 죽을 수는 없다 하더라도 복음을 전하지 않으면 저들이 죽을 것이요, 나중에 저들의 피가 우리를 송사할 것이라는 책임으로 내일을 기다리지 말고 바로 오늘 전도해야 합니다.

◆◆◆

… 복음을 부끄러워하지 말아야 합니다

사도 바울은 "내가 복음을 부끄러워하지 아니하노니 이 복음은 모든 믿는 자에게 구원을 주시는 하나님의 능력이 됨이라 먼저는 유대인에게요 그리고 헬라인에게로다"(롬 1:16)라고 고백했습니다. 전도자들은 예수 그리스도와 그의 복음을 부끄러워하지 말아야 합니다.

많은 사람들이 예수 믿는 것을 부끄럽게 생각하여 숨기려고 합니다. 예수 믿는다고 죽임을 당하거나 잡혀가는 시대도 아닌데 떳떳하게 그리스도의 사람임을 내세우지 못합니다. 직장이나 사회에서 교제를 핑계로 술과 담배를 단호하게 끊지 못하거나 동료들에게 소외당할 것이 두려워 예수 믿는다는 사실을 숨기고 있는 것입니다. 그리스도를 사랑하는 마음이 뜨겁지 못하기 때문입니다.

성경은 이렇게 복음을 부끄러워하는 사람들에게 경고하고 있습니다. 예수님은 "누구든지 이 음란하고 죄 많은 세대에서 나와 내 말을 부끄러워하면 인자도 아버지의 영광으로 거룩한 천사들과 함께 올 때에 그 사람을 부끄러워하리라"(막 8:38)고 하셨고, "사람 앞에서 나를 부인하는 자는 하나님의 사자들 앞에서 부인을 당하리라"(눅 12:9)고 하셨습니다.

예수님은 우리를 위해 치욕의 십자가를 지셨는데 우리가 이러한 예수님의 은혜를 알고도 감사하지 않고 십자가의 도를 자랑하지 않는다면 예수님의 슬픔이 어떠하시겠습니까? 그러므로 예수님의 은혜를 받은 우리는 예수님이 나를 위해 받으신 굴욕의 십자가를 생각하면서 예수님이 원하시면 어디든지 가서 예수님의 사랑을 전하겠다는 마음의 각오와 자세를 가져야 하겠습니다.

◆ ◆ ◆

… 성령 충만해야 합니다

전도자가 성령 충만해야 한다는 사실은 아무리 강조해도 지나치지 않습니다. 전도자는 '내가 전도한다.'는 생각을 버려야 합니다. '나를 통해 성령님이 전도하신다.'는 자세를 가져야 합니다. 전도는 처음부터 끝까지 성령님께 전적으로 의지하고 맡겨야 합니다. 전도하는 과정 전체가 성령님과 함께 뜻을 같이하여 인도하시는 대로 동역하는 것이어야 합니다.

성령 충만이란, 성령님이 우리 마음과 생활을 온전히 지배하시고 우리가 성령 안에 완전히 잠겨 있는 상태를 말합니다. 이렇게 될 때 우리의 말과 행동이 거룩하게 되며 말씀에 능력이 있게 됩니다.

성령님은 두 가지 활동을 하십니다. 예수님을 구주로 영접하게 하는 구원의 역사와, 믿는 자들이 능력 있는 신앙생활을 하도록 돕고 성결케 하시는 성결의 역사입니다. 성령 충만은 거듭나는 체험과는 다릅니다. 성령 충만은 성령 세례와 동시에 또는 그 이후에 계속해서 성도에게 요구되는 영적 상태입니다.

인격적으로 성령님을 모시고, 인정하고, 환영할 때 전도에 있어서도 성령님의 도우심을 받을 수 있습니다.

성령 충만한 전도자는 능력이 있습니다. 하나님의 나라는 말에 있지 아니하고 능력에 있습니다. 성령 충만은 복음을 듣는 이의 마음과 생활 속에서 사단의 세력을 몰아내고 새 생명이 깃들게 하는 능력입니다. 이런 성도들은 오늘날도 옛 사도들에 못지않게 복음을 능력 있게 전할 수 있습니다.

◆◆◆

… 하나님의 말씀으로 충만해야 합니다

전도자에게 있어서 하나님의 말씀은 특히 중요합니다. 하나님의 말씀은 사단의 세력을 물리치는 공격용 무기, 곧 성령의 검이기 때문입니다. 전도란 영적인 싸움입니다. 대장되시는 예수님을 모시고, 불신자들의 배후에서 세력을 행사하는 사단을 대적하여 그에게서 뭇 영혼을 빼앗아 주님께로 인도하는 싸움입니다. 군인에게 무기가 없거나, 혹 있더라도 그 무기가 날카롭지 못하다면 전쟁에서 승리 할 수 없습니다.

전도자는 자기의 달변으로 사람을 낚는 것이 아니라 하나님의 말씀의 지혜로 사람을 얻는 것입니다.

> "하나님의 말씀은 살아 있고 활력이 있어 좌우에 날선 어떤 검보다도 예리하여 혼과 영과 및 관절과 골수를 찔러 쪼개기까지 하며 또 마음의 생각과 뜻을 판단하나니"(히 4:12)

하나님의 말씀은 불신자의 마음을 깨뜨리고 그 사람의 마음을 움직여 예수님을 구주로 영접케 하는 것입니다.

거듭나는 체험은 인간의 말에 있는 것이 아니라 "살아 있고 항상 있는 하나님의 말씀으로 되었느니라"(벧전 1:23)는 말씀대로 하나님의 말씀에 있습니다. 사도 바울도 "믿음은 들음에서 나며 들음은 그리스도의 말씀으로 말미암았느니라"(롬 10:17)고 하였습니다.

그러므로 전도할 때 멋진 말로 상대방을 감화시키려다 실패하지 말고 어리석게 보여도 하나님의 말씀으로만 복음을 전하여야 합니다. 예수 그리스도의 복음을 인간적인 수식어로 변증하려 하지 말고 그의 양심을 꿰뚫는 하나님의 말씀을 담대하게 전하는 전도자가 될 때 하나님의 능력을 힘입을 수 있습니다. 그러기 위해서 전도자는 더욱 열심히 성경을 읽고 공부하고, 암송해야 합니다. 그렇게 함으로써 어디서든지 복음을 전할 수 있는 만반의 준비를 갖추어야 하겠습니다.

◆◆◆

… 뜨거운 기도와 열심이 있어야 합니다

전도자는 기도의 능력을 얻은 자라야 합니다. 전도의 처음과 중간, 그리고 나중에 걸쳐 기도하는 자세가 필요합니다. 기도 없이 전도한다는 것은 불가능한 일입니다.

오늘날 많은 교회와 성도들이 보다 나은 전도의 방법과 새롭고 훌륭한 조직을 찾고 있지만 하나님께서는 먼저 기도하는 사람을 찾고 계십니다. 하나님은 인간의 조직과 계획과 방법에 성령의 능력과 기름을 부어 주시지 않습니다. 오직 무릎 꿇고 기도하는 사람에게만 기름을 부어 주십니다. 영적 싸움인 전도에 있어서 기도는 지원 포격과 같습니다. 기도의 대포를 많이 쏘아 댈수록 적진이 더 많이 파괴되기 때문에 그만큼 적을 섬멸하기가 더 쉽습니다. 그러므로 전도자는 전도의 사명과 은사와 권능과 열매를 위하여 쉬지 말고 기도해야 합니다.

전도자는 또한 열심이 있어야 합니다. 하나님은 잘하느냐 못하느냐를 보시는 것이 아니라 오직 열심히 하려는 사람을 귀하게 여기십니다. 그러므로 말 못하고 무식해도 열심히 하나님의 말씀을 전하려는 사람에게는 말 잘하고 아는 것이 많은 사람 못지않은 말의 지혜와 능력을 주십니다.

이 세상에서 남보다 앞서고 성공하는 사람은 남모르는 열심이 있습니다. 마찬가지로 우리 교회에서도 구역을 부흥시키고 많은 사람을 전도한 성도들의 간증을 들어 보면 한결같이 그들의 열심이 뒷받침된 열매였음을 알 수 있습니다. 어느 누구도 열심이 있는 사람을 당하지 못합니다. 그러므로 우리는 열심을 내야 합니다. 열심을 내되 단순한 인간적인 열심보다 하나님의 열심, 주님께서 주시는 열심을 내야 합니다.

◆◆◆

… 인내와 희생을 아끼지 말아야 합니다

전도를 하다 보면 많은 핍박과 어려움이 반드시 다가오게 됩니다. 뿐만 아니라 물질적, 정신적인 손해를 입을 때도 있습니다. 그러나 이러한 때에도 하나님의 일꾼은 참고 견뎌야 합니다. 왜냐하면 전도할 때 핍박을 받는 것은 성경적인 것이며, 전도로 인한 핍박과 손해는 나중에 받게 될 놀라운 복을 위한 믿음의 씨앗이기 때문입니다.

성경은 "우리가 선을 행하되 낙심하지 말지니 포기하지 아니하면 때가 이르매 거두리라"(갈 6:9)고 위로해 주고 있습니다. 세상일에도 인내와 기다림이 없이는 좋은 결과를 기대할 수 없습니다. 그런데 하물며 천하보다 귀한 영혼을 구원하는 일에 있어서 희생과 인내가 필요하지 않을 수 있겠습니까? 전도자는 전도할 때 있게 되는 여러 희생, 이를테면 시간과 물질과 위기와 핍박과 같은 것들을 기쁨과 감사로 감수할 수 있어야 합니다. 기왕에 전도를 했다면 그들이 감격할 만큼 끝까지 참고 견딤으로 그들의 영혼도 얻고 하나님께 칭찬도 받으며 금세와 내세에서 백배의 축복을 얻으시기 바랍니다. 특별히 가족 중에서 웃어른 되는 분들이 심하게 핍박을 할 경우 사랑과 겸손과 미소를 잃지 말고 끝까지 참고 견디십시오, 여러분의 생각보다 훨씬 빠르게 하나님의 때가 임할 것입니다.

❖❖❖

··· 기대하는 마음과 긍정적인 입술의 고백이 있어야 합니다

전도자에게 있어 낙심은 절대 금물입니다. 전도자는 굳센 믿음과 신념이 있어야 합니다. 하나님이 가장 기뻐하시는 것이 믿음과 순종이기 때문입니다.

신앙생활의 다른 일에도 마찬가지겠지만, 특히 전도에서는 마음가짐이 매우 중요합니다. '내가 저 사람에게 복음을 전하는 것이 하나님의 뜻이므로 반드시 그가 예수님을 믿게 될 것이다.'라는 확신을 가져야 합니다. 우리에게 겨자씨만한 믿음만 있어도 산을 옮길 수 있다고 성경은 기록하고 있습니다(마 17:20).

내 자신이 복 받고 은혜받기 위해 기도할 때도 들어 주시는 하나님이 하물며 나를 희생하면서까지 남의 영혼을 구하기 위해 애쓰는 사람의 기도를 들어 주시지 않겠습니까?

이처럼 마음에 뜨거운 소원을 가졌으면 이제는 입술로 시인해야 합니다. 전도자는 매사에 말하는 것부터 달라져야 합니다.

성경에 "사람이 마음으로 믿어 의에 이르고 입으로 시인하여 구원에 이르느니라"(롬 10:10)고 하셨습니다. 이러므로 입으로 긍정적인 시인을 하는 것은 죽을 영혼도 살리는 역사를 가능케 합니다. 잠언 18장 21절에서는 "죽고 사는 것이 혀의 힘에 달렸나니 혀를 쓰기 좋아하는 자는 혀의 열매를 먹으리라"고 하였습니다.

그러므로 전도자는 비록 전도를 해서 그 즉시 열매가 나타나지 않고 기도 후에 응답이 나타나지 않는다 할지라도 실망하거나 낙심하지 말아야 합니다. 그리고 하나님의 말씀으로 마음을 새롭게 하면서 입으로 다음과 같이 시인하십시오.

"그는 주의 사람이요 그의 영혼은 하나님의 것이다. 사단은 이미 십자가 위에서 예수님의 피로 인해 패배했노라."

이처럼 입으로 시인하고 기도 노트에 전도한 사람의 이름을 적어 매일같이 정규적으로 기도하면서 "○○○는 이제 예수님을 믿게 되었습니다"라고 담대하게 선포하십시오. 믿음의 증거를 가지고 끝까지 포기하지 않으면 귀중한 영혼 구원의 열매를 얻게 될 것입니다.

다시 한 번 강조하는 것은 전도는 하나님이 나에게 허락하신 일이라는 굳은 신념을 가지고 마음과 입술을 긍정적인 믿음으로 묶어야 합니다. 부정적인 입술은 커다란 죄악이 될 수도 있기 때문입니다.

◆◆◆

… 범사에 감사하는 자세를 지녀야 합니다

예수 믿는 사람이 불신자들과 다른 점은 같은 조건임에도 불구하고 모든 일에 감사하는 것입니다. 감사할 조건이 있기 때문에 감사하는 것이 아니라, 인간적으로는 도저히 감사할 수 없는 상황에서도 감사하는 생활을 하는 것이 곧 성숙한 그리스도인의 삶입니다.

인생을 단편적으로 보지 않고 하나님의 섭리하시는 연속적인 과정으로 보아 모든 것이 합력하여 선을 이룬다는 것을 확신한다면 어떤 경우라도 감사할 수 있습니다.

우리가 감사할 때 우리의 인생관과 세계관은 항상 밝고 발전적인 것이 되며 믿음을 풀어놓는 기적이 일어나게 됩니다. 감사하는 생활에는 하늘의 평화가 임하게 되고 사람들은 우리의 평화로운 생활을 보고 우리가 전하는 복음을 믿게 됩니다.

이러므로 전도자는 예수님이 주신 약속의 말씀 곧, "평안을 너희에게 끼치노니 곧 나의 평안을 너희에게 주노라 내가 너희에게 주는 것은 세상이 주는 것과 같지 아니하니라 너희는 마음에 근심하지도 말고 두려워하지도 말라"(요 14:27)는 말씀을 생각하면서 전도에 임할 때마다 감사해야 합니다.

◆◆◆

… 자만하지 말고 겸손해야 합니다

전도는 성령의 열매인 사랑과 온유로 해야 합니다. 전도자는 전도를 받는 사람도 자신과 마찬가지로 한 사람의 인격체임을 인정하고 또 그렇게 상대를 존중해 주어야 합니다. 자신을 과대평가하여 자만하고 교만하다면 사랑과 온유의 복음은 그 빛을 잃고 능력을 나타낼 수 없게 됩니다. 성경은 이에 대하여 분명하게 기록하기를 "너희 마음에 그리스도를 주로 삼아 거룩하게 하고 너희 속에 있는 소망에 관한 이유를 묻는 자에게는 대답할 것을 항상 준비하되 온유와 두려움으로 하고"(벧전 3:15)라고 하였습니다. 그러므로 우리는 어디서, 누구에게 복음을 전하든지 온유와 겸손함을 잃지 말아야 하겠습니다. 그렇다고 해서 굽실거리는 듯한 인상을 주어서도 안 됩니다.

6. 전도의 원칙

전도에 특별한 방법이나 왕도가 있는 것은 아닙니다.
전도자가 확실한 신앙 체험이 있고
영혼을 뜨겁게 사랑하는 마음만 있다면
전도하는 것처럼 쉬운 일은 없습니다.
그러나 다음과 같은 원칙과 순서에 따라 하게 되면
전도에서 보다 큰 효과를 얻을 수 있을 것입니다.

주여, 나를 보내소서

어떻게 해야 보다 효과적일까요?

… 분명한 목표를 세워야 합니다

전도자는 실제로 전도에 들어가기 전에 무엇보다도 목표가 분명해야 합니다. 즉, 전도의 대상을 뚜렷하게 정해야 합니다. 먼저 믿지 않는 가족이 있다면 예수님을 믿도록 해야겠다는 분명한 목표를 뜨거운 소원과 함께 세워야 합니다. 가족들이 다 믿는 분들은 가까운 친척, 이웃들부터 한 사람씩 목표를 정해서 인도해야 합니다.

분명한 목표가 정해졌으면 그 다음으로 언제까지 전도하겠다는 기간을 정해야 합니다. 막연하게 만날 때마다 전도하겠다는 마음을 가지면 그 결과도 막연하게 됩니다. 기도하는 가운데 확신이 가는 때를 정하고 집중적으로 전도해야 더욱 효과적인 결과를 얻을 수 있습니다. '나와 함께 일하는 ○○○를 ○월까지 예수 믿도록 인도하겠다.'는 구체적인 목표를 세우고 집중적으로 기도해야 합니다.

◆◆◆

… 기회를 포착해야 합니다

목표를 정했으면 이제는 그 목표를 달성할 수 있는 기회를 만들어야 합니다. 에베소서 5장 16절의 "세월을 아끼라 때가 악하니라"는 말씀에서 '세월을 아끼라'는 말씀은 '기회를 사라'는 말씀입니다. 전도자는 천하보다 귀중한 영혼을 살리기 위해서 대가를 치르고서라도 기회를 사야 합니다. 기회는 저절로 오지 않습니다. 우리가 기도하고, 노력하고, 애쓰고, 행동할 때 참된 기회가 포착됩니다.

그러므로 가능한 한 모든 사람들과 화목하고 그들을 대접하면서 그리스도의 복음을 전할 수 있는 기회를 만들어야 합니다. 좋은 음식이나 물건이 있으면 이웃에게 나누어 주고, 가난하고 어려운 사람들을 할 수 있는 한 힘껏 도와야 합니다. 구제가 구원 자체는 아니지만 전도를 위해서 구제할 때 귀중한 영혼을 구할 수 있습니다.

반상회, 직장에서의 모임, 장거리 여행 시 기차나 버스 안, 대기실 같은 곳은 전도하기에 좋은 곳입니다. 학생은 학교에서 친구들을 전도할 수 있습니다. 우리가 마음만 먹으면, 그리고 열심히 구하면 기회는 얼마든지 있습니다.

◆◆◆

⋯ 예수님의 이름으로 사단의 세력을 묶어야 합니다

누구를 언제까지 전도하겠다는 분명한 목표가 세워졌으면 그 사람의 배후에 있는 사단의 세력을 물리쳐야 합니다. 전도는 영적 싸움입니다. 그러므로 그 사람을 영적으로 해방시키기 위해서 사단을 예수의 이름으로 물리치고 기도와 입술의 시인을 통해 묶어야 합니다. 사단은 복음 전하는 것을 가장 싫어합니다. 그렇기 때문에 전도할 때 사단은 갖은 방법으로 방해합니다.

그러나 예수님이 2천 년 전에 이미 사단의 일을 멸하셨기 때문에 예수님이 승리하신 일을 마무리하고 사용하기만 하면 됩니다. 전도하기 전에 "○○○를 사로잡고 그가 복음을 받아들이지 못하도록 방해하는 원수 마귀야, 나사렛 예수님의 이름으로 명하노니 묶음을 놓고 떠나갈지어다!"라고 명령하십시오, 그리고 전도할 사람의 상황에 따라 구체적으로 마귀를 내쫓아야 합니다.

예수님의 이름으로 병든 자와 귀신들린 자와 문제에 얽매인 자를 고쳐 놓으면 전도는 저절로 됩니다. 성경에도 믿는 자가 주의 이름으로 무엇이든지 매면 하늘에서도 매일 것이요 땅에서 무엇이든지 풀면 하늘에서도 풀리리라고 하셨습니다(마 16:19). 예수님이 복음을 전파하실 때 모든 병든 자와 약한 자가 고침을 받았습니다. 그들을 얽어매고 있던 귀신들이 떠나갔기 때문입니다. 사단이 아무리 우리를 괴롭힌다고 하더라도 예수님의 피와 이름 앞에서는 모두 쫓겨간다는 사실을 잊지 말고 담대히 하나님의 말씀을 선포해야 합니다.

◆◆◆

… 기도와 금식으로 무장해야 합니다

전도의 성공 여부는 전도자가 얼마나 오랫동안 충분히 기도로 준비했느냐에 달려 있습니다. 특별히 금식하며 작정하고 기도할 때 기대하지 못했던 놀라운 결과가 나타나게 됩니다. 금식과 기도처럼 원수 사단을 물리치는 강력한 무기가 없습니다. 금식과 기도보다 하나님께 가까이 나아가는 더 좋은 방법은 없습니다. 예수님도 기도와 금식 외에는 귀신이 쫓아내고 병이 낫는 일이 있을 수 없다고 하셨습니다(막 9:29).

하나님은 다른 사람의 영혼을 위해서 금식하며 기도하는 사람을 기뻐하십니다. 자기 자신의 문제를 위해서 금식하며 기도할 때에도 응답해 주시는데 하물며 전도를 위해서 금식하며 애타게 부르짖는 자의 기도를 들어 주시지 않겠습니까? 반드시 응답해 주십니다. 주위에 병들고 어려움에 처한 자가 있습니까? 믿음을 가지고 그들을 위해 하루 한 끼, 일주일에 하루만이라도 금식하면서 그 영혼을 위해 기도하십시오. 좋으신 하나님이 좋은 것으로 응답하실 것입니다. 기도는 전도의 열쇠입니다.

◆◆◆

… 축복의 파장을 보내야 합니다

전도자는 전도할 사람을 예수님의 이름으로 축복해야 합니다. 남에게 그리스도의 복음을 전하는 것은 그에게 인생 최대의 복을 주는 것입니다. 그러므로 진실할 마음으로 그를 축복하십시오. 만나는 사람마다, 특별히 전도할 사람에게 "하나님께서는 당신에게 복 주시기를 원하십니다."라고 인사하십시오. 아침, 저녁으로 전도하기로 작정한 사람의 이름을 불러가며 "○○○ 예수님을 믿고 복 받는 삶을 살기를 원합니다."라고 축복하십시오. 우리의 입술은 범죄하기 쉽지만, 예수님의 이름으로 복음을 전할 때에는 하나님의 사랑을 전하는 강력한 힘이 있습니다. 또한, 남을 축복하면 축복하는 사람의 마음을 거쳐서 이웃에게 전달되기 때문에 축복하는 사람도 복을 받게 됩니다. 전도하는 사람의 마음속에는 이미 복의 근원이 되시는 예수님이 임재하고 계시기 때문입니다. 그러므로 우리는 전도할 때 우리를 비판하고 조롱하는 사람일지라도 복을 나누어 줄 수 있는 신앙과 포용력을 키워 나가야 하겠습니다.

◆◆◆

… 복음을 분명하게 전해야 합니다

이제는 복음을 제시해야 할 단계입니다.

복음 제시할 내용에 대해서는 제2장 전도의 내용에서 자세히 살펴보았습니다. 전도자가 꼭 제시해야할 복음의 내용은 다음과 같습니다.

첫째, 하나님은 우리를 사랑하시는 '사랑의 하나님'이십니다.

하나님은 우리를 사랑하시되 독생자를 이 땅에 보내어 희생의 제물로 내어 놓을 만큼 우리를 사랑하십니다. 이 사랑이야말로 인간이 받을 수 있는 최대 최선의 사랑입니다.

둘째, 모든 사람은 죄인이며 그 죄로 말미암아 이 세상에 가난과 질병과 죽음이 왔습니다. 그리고 죽은 후에는 반드시 심판을 받게 됩니다.

우리는 모두 죄를 지었기 때문에 하나님의 사랑과 축복을 누릴 자격이 없습니다.

성경에 "모든 사람이 죄를 범하였으매 하나님의 영광에 이르지 못하더니"(롬 3:23)라고 하셨습니다.

이 세상에서 한 번도 죄를 짓지 않은 사람은 한 명도 없습니다.

성경에 "의인은 없나니 하나도 없다"(롬 3:10)고 하셨습니다. 이러므로 죄로 인해 인간과 하나님과의 대화가 단절되었고, 하나님의 사랑과 복도 잃어버리게 되었습니다. 그 대신 질병과 죽음과 가난의 저주 가운데 살게 된 것입니다.

셋째, 인간은 이 절망적인 상황에서 벗어나기 위해 종교와 도덕 그리고 수양을 통해 끊임없이 노력해 왔습니다. 그러나 죄 지은 인간은 자기 스스로의 힘으로는 이를 해결할 수 없었습니다. 죄로 말미암아 죽을 수밖에 없는 것입니다. 왜냐하면 거룩하신 하나님과 죄 지은 인간 사이에는 넘을 수 없는 벽이 있기 때문입니다.

고행이나 수도, 착한 일을 아무리 많이 해도 죄인된 인간의 영적 문제는 해결되지 않습니다. 이는 우리의 경험을 통해 증명됩니다.

성경에 "너희는 그 은혜에 의하여 믿음으로 말미암아 구원을 받았으니 이것은 너희에게서 난 것이 아니요 하나님의 선물이라 행위에서 난 것이 아니니 이는 누구든지 자랑하지 못하게 함이라"(엡 2:8-9)고 하셨습니다.

이 말씀은 구원이 인간의 노력이나 행위로서가 아니라 하나님의 은혜로 받게 되는 것임을 분명히 가르쳐 줍니다.

넷째, 사랑이 많으신 하나님은 죄로 인해 죽을 수밖에 없는 인간을 구원하시기 위해 예수님을 보내셨습니다. 그리고 죄 없으신 예수님이 우리 대신 십자가에 달려 죽으심으로 영원한 속죄를 이루셨습니다. 이 속죄는 우리가 지은 과거, 현재, 미래의 모든 죄까지 다 속하신 것입니다. 성경에 "피흘림이 없은즉 사함이 없느니라"(히 9:22)고 하셨습니다. 그러므로 오직 예수님의 피만이 우리의 모든 죄를 깨끗하게 하실 수 있습니다.

예수님은 우리를 대신해서 죽으셨을 뿐 아니라, 죽음에서 3일 만에 부활하셨습니다. 만약 예수님이 우리의 죄 때문에 죽으시고 부활하지 않으셨다면 우리는 죄에서 완전히 구원받을 수 없었을 것입니다. 그러나 예수님은 부활하시므로 우리가 구원받았다는 확증이 되셨습니다.

다섯째, 인간은 예수님을 믿는 그 믿음으로 말미암아 구원을 받습니다. 이를 깨달은 사람은 죄를 하나님 앞에 회개하고 예수님을 구주로 믿어야 합니다.

'예수님을 믿는다'는 것은 예수 그리스도를 마음속에 구주로 영접하는 것입니다.

성경에 "영접하는 자 곧 그 이름을 믿는 자들에게는 하나님의 자녀가 되는 권세를 주셨으니"(요 1:12)라고 하셨습니다. 우리는 먼저 예수 그리스도의 말씀을 듣고 그것을 믿어야 합니다.

"네가 만일 네 입으로 예수를 주로 시인하며 또 하나님께서 그를 죽은 자 가운데서 살리신 것을 네 마음에 믿으면 구원을 받으리라 사람이 마음으로 믿어 의에 이르고 입으로 시인하여 구원에 이르느니라"(롬 10:9-10)고 하셨습니다.

그러므로 우리는 예수님이 우리를 초청하실 때 순종과 감사함으로 예수님을 구주로 영접해야 합니다. 누구든지 예수님을 구주로 고백하고 영접하기만 하면 그 즉시 하나님의 자녀가 됩니다.

여섯째, 예수님을 구주로 모시면 성령님의 도우심으로 하나님 나라의 백성이 되며 왕 같은 제사장이 됩니다. 그리고 모든 죄가 사해지고 하나님의 자녀로서 풍성한 은혜를 받게 됩니다.

전능하신 하나님의 자녀가 되었기 때문입니다. 그러므로 우리는 이 세상의 어떠한 어려움과 환난도 능히 극복할 수 있습니다. 아울러 하나님의 지혜를 가지고 하나님의 기쁘신 뜻을 따라 복된 삶을 살 수 있습니다.

일곱째, 구원받은 성도는 이 세상에 살면서도 언제나 하나님 나라를 소망하고 또 그 곳에서 영원토록 살게 될 것입니다. 예수님은 우리를 죄 가운데서 구속하시고 하나님의 백성으로 이 땅 위에서 복을 누리며 살게 하십니다. 뿐만 아니라 하늘나라에 영원한 처소도 예비해 주셨습니다.

성경에 "내 아버지 집에 거할 곳이 많도다 그렇지 않으면 너희에게 일렀으리라 내가 너희를 위하여 거처를 예비하러 가노니 가서 너희를 위하여 거처를 예비하면 내가 다시 와서 너희를 내게로 영접하여 나 있는 곳에 너희도 있게 하리라"(요 14:2-3)고 하셨습니다.

인생은 고향을 떠난 나그네길입니다. 이 여행이 끝나면 언젠가는 고향으로 돌아갈 것입니다. 우리가 돌아갈 하늘의 고향은 세상의 그 어떤 곳과도 비교할 수 없는 아름다운 곳입니다.

"만일 땅에 있는 우리의 장막 집이 무너지면 하나님께서 지으신 집 곧 손으로 지은 것이 아니요 하늘에 있는 영원한 집이 우리에게 있는 줄 아느니라"(고후 5:1)고 하셨습니다.

그러므로 죽음을 두려워할 필요가 없습니다. 세상의 많은 사람들이 죽음을 두려워 하지만 복음을 듣고 믿는 자들에게는 죽음은 곧 면류관을 쓰는 순간입니다. 하나님은 죽음 앞에서 우리에게 면류관을 씌우시고 영생하는 하나님 나라로 인도하십니다.

이러한 복음을 전할 때에는 확신 없는 태도로 우물쭈물하지 말고 담대하고 자신 있게 전해야 합니다. 복음을 전하는 자는 전도가 죽고 사는 문제 이상의 것임을 깨닫고 진지하고 분명하게 전해야 합니다. 말은 많이 했지만 무슨 소리인지 종잡을 수 없으면 안 됩니다. 하나님의 사랑과 인간의 죄와 형벌, 그리고 예수님의 구속의 은총을 일관성 있게 전해야 합니다. 자주 전도에 임하여 훈련과 경험을 쌓아야 합니다. 복음을 전할 때에는 가능하면 성경을 이용해서 장, 절을 같이 찾아가며 상대방이 소리 내어 읽도록 하는 것이 좋습니다. 듣는 자가 무슨 소리인지 귀찮아서 건성으로 받아들이지 않도록 성령님의 인도와 확신에 따라 말씀을 사용해야 합니다. 성령님의 인도하심에 따라 인용한 말씀보다 더 사람의 마음을 찌르고 치료하며 위로하는 말씀은 없습니다.

전도 대상자로부터 질문을 받았을 때에는 질문의 내용에 대해 먼저 정확히 이해해야 합니다. 그리고 질문에 대해 정면으로 대응하거나 반론을 펴지 말고 일단 질문을 수용하고 공감을 표시하는 것이 좋은 대화법입니다. 질문에 대한 처방과 답변은 명료해야 합니다. 성경에서 해답과 답변을 찾아내어 성경구절을 인용하여 결론지으면 효과적입니다.

… 간증을 사용하십시오

전도에 있어서 예수님의 복음과 함께 효과적인 간증을 사용하는 것만큼 좋은 방법은 없습니다. 성령의 인도가 없는 성경 말씀은 자칫하면 이해하기 어렵고 딱딱한 말이 되기 쉽습니다. 반면 자기가 생생하게 체험한 간증을 고백하는 것은 실제로 듣는 사람에게 큰 감동을 줄 수 있습니다. 왜냐하면, 간증은 말로만이 아닌 생생한 체험을 들려주는 것이므로 더욱 효과적일 수 있습니다. 말씀을 잘 모르더라도 예수님을 개인적으로 확실히 만나고 영적으로 죽었다가 다시 살아나는 체험을 했다면 훌륭한 전도자가 될 수 있습니다.

전도자는 변호사가 아니라 증인입니다. 그러므로 성경과 기독교를 변증하려고 하지 말고 자신이 그리스도를 통해 듣고, 보고, 느끼고, 변화된 체험을 있는 그대로 보여 줄 수 있어야 합니다. 예수님을 믿음으로 영혼이 구원받은 체험, 물질의 복을 받았다는 사실, 질병이 나아 건강한 모습을 보여 주는 것, 이러한 것들이 살아 있는 예수 그리스도를 효과적으로 증거하는 길입니다.

간증은 개인적이고 구체적인 것으로 너무 길지 않게 해야 합니다. 그리고 간증 속에서도 내가 아니라 항상 그리스도가 중심이 되어야 합니다. 사단은 때대로 우리의 간증을 통하여 우리 자신이 영광을 받도록 종용하며 끊임없이 유혹하기 때문입니다. 훌륭한 간증은 듣는 자의 마음을 움직입니다.

◆◆◆

… 마음문을 열게 해야 합니다

복음을 전할 때 듣는 사람이 스스로 죄인이라는 것을 깨닫게 해주고 하나님의 사랑과 예수님의 보혈의 공로가 필요하다는 것을 깨닫게 해야 합니다. 그러기 위해서는 듣는 자가 마음의 문을 열도록 해야 합니다. 처음부터 주님의 복음을 겸손하고 진지하게 듣는 사람이라면 이미 그 마음의 문이 열려 있다는 증거입니다. 또한, 그렇지 않더라도 잠깐

이나마 주의 깊게 복음을 듣는다면 마음의 문을 열 가능성을 가진 사람입니다.

전도자는 복음을 전하는 동안 상대방이 처음부터 끝까지 마음의 문을 열도록 끊임없이 기도해야 합니다. 건성으로가 아니라 진실로 하나님의 말씀을 깨닫게 하려면 마음 문을 열어 놓아야 하기 때문입니다.

복음을 전하는 중간에 상대가 받아들이지 않을 때에는 다시 전 단계로 돌아가서 진지하게 말씀을 전하고 그의 반응을 주시해야 합니다. 물론 억지로나 강제로 할 수는 없습니다. 상대가 절대로 받아들이지 않을 때에는 겸손한 자세로 마치고 다음 기회로 미루는 방법을 택해야 합니다.

한편 복음을 듣는 사람뿐만 아니라 전하는 자도 먼저 열린 마음이어야 합니다. 열린 마음이란, 성령님이 역사하실 수 있는 마음 상태를 의미합니다. 성령님은 우리 인간이 한계가 있고 부족하다는 사실을 깨닫게 해 주십니다. 대개 전도자가 복음을 전하다가 은혜를 받으면 상대방도 같이 은혜를 받아 마음 문을 열기 마련입니다.

전도는 토론이 아닙니다. 토론은 대개 마음 문을 닫아 놓게 합니다. 그러나 전도자의 겸손한 자세는 듣는 이의 마음을 열게 합니다.

우리는 그 열린 문을 통하여 예수 그리스도를 그의 구주로 영접시킬 수 있습니다.

◆◆◆

… 입으로 시인시켜야 합니다

복음을 듣는 자가 마음 문을 열고 말씀을 인정하게 되면 전도자는 이를 그가 입으로 시인하도록 해야 합니다. 왜냐하면 예수님을 따르고 하나님을 믿는다는 것은 말씀을 듣고 순종하여 그대로 행하는 것을 의미하기 때문입니다. 입으로 시인한다는 것은 하나님과 사람 앞에서 인정한다는 것을 뜻합니다. 그러므로 복음을 듣는 자가 진정으로 자기의 죄를 깨닫고 말씀을 받아들였다면 그 사실을 입으로 시인하고 예수님을 영접하는 기도를 해야만 구원을 받게 됩니다. 성경은 이에 대해 "네가 만일 네 입으로 예수를 주로 시인하며 또 하나님께서 그를 죽은 자 가운데서 살리신 것을 네 마음에 믿으면 구원을 받으리라 사람이 마음으로 믿어 의에 이르고 입으로 시인하여 구원에 이르느니라"(롬 10:9-10)고 기록하고 있습니다.

주님을 입으로 시인하여 영접하는 결신의 기도는 다음과 같습니다.

"사랑하는 예수님 저는 죄인입니다. 저는 지금까지 어디에서 와서 무엇 때문에 살며 어디로 가는지 알지 못하고 방황하며 살았습니다. 이제 저의 모든 죄를 고백하고 회개하오니 용서하여 주시옵소서. 십자가의 보혈로 저의 죄를 깨끗이 씻어 주시옵소서. 저를 위하여 죽으시고 저를 위하여 부활하신 예수님을 저의 구주로 모셔들입니다. 지금부터 천국 갈 때까지 저를 인도하여 주시옵소서. 저를 구원하여 주시니 감사합니다. 하나님의 자녀로 삼아 주시니 감사합니다. 예수님의 이름으로 기도합니다. 아멘."

전도자는 상대가 직접 예수님을 구주로 시인하는 기도를 하도록 하는 것이 좋습니다. 그리고 만일 상대방이 기도하기를 꺼린다면 최소한 전도자가 하는 기도를 따라하도록 권면해야 합니다.

입으로 시인하게 한 후에는 상대방으로 하여금 예수님을 영접하여 구원받은 사실을 확인시키고 구원 후의 결과에 대해서 설명해 주는 것이 필요합니다. 아울러 초신자로서 행해야 할 여러 가지 신앙생활의 규범을 가르쳐 주는 것도 필요합니다.

◆◆◆

… 확실히 믿을 때까지 계속해서 전도해야 합니다

전도하는 기쁨과 보람은 자신이 전도한 사람이 신앙생활을 잘하며 주님을 위해 열심히 봉사하는 모습을 볼 때 나타납니다. 전도한 영혼은 전도자의 열매이기 때문에 전도자는 열매가 많을 때 농부가 기뻐하는 것처럼 감사와 기쁨을 누리게 됩니다. 그러나 전도를 한다고 해서 다 주님을 영접하는 것은 아닙니다. 오히려 믿는 사람보다 안 믿는 사람이 더 많을 수도 있습니다. 성경에서도 하나님께서는 모든 사람이 구원받기를 원하고 계시지만 다 구원을 받는 것은 아니며, 주여 주여 하는 자마다 다 천국에 들어가는 것이 아니라고 분명히 기록하고 있습니다.

그러므로 전도에 실패했다고 실망하지 마십시오. 전도에는 실패가 없습니다. 만일 우리가 잘못된 복음을 전해서 한 영혼을 실족게 했다면 형벌을 받아 마땅하지만 반대로 순수하게 올바른 복음을 전했음에도 불구하고 상대의 마음이 완악하여 복음을 받아들이지 않을 경우에는 실망하거나 낙담할 필요가 없습니다. 최후로 그가 구원을 받을 것인지 아닌지는 하나님의 예정하심에 달려 있기 때문입니다.

인내심을 가지고 계속 복음을 전하다 보면 결국에는 주님께로 돌아오게 되는 경우가 많습니다. 그러므로 한 두 번 전도한 후 결실이 없다고 물러서서는 안 됩니다. 하나님은 뒤로 물러서는 자를 기뻐하지 않으십니다. 상대방이 귀찮아서라도 주님을 찾게 하도록 해야 합니다.

> "우리가 선을 행하되 낙심하지 말지니 포기하지 아니하면 때가 이르매 거두리라"(갈 6:9)

◆◆◆ 확인해 봅시다

1. 당신이 전도하기로 결정한 대상은 누구입니까?
2. 전도의 기회를 갖기 위해 어떤 방법을 세웠습니까?
3. 전도자가 전도 대상자의 배후에서 할 수 있는 일은 무엇입니까?
4. 전도할 때 하나님 말씀과 간증은 어떻게 전해야 합니까?
5. 전도자의 어떤 자세가 듣는 이의 마음을 열게 합니까?
6. 전도 대상자에게 어떤 변화가 올 때까지 전도해야 합니까?

◆◆◆ 다음 성구를 기록하고 묵상해 봅시다.

- 마 16:19
- 롬 12:14
- 갈 6:9

2부

전도의 실제

전도의 실제 I

"너희 마음에 그리스도를 주로 삼아 거룩하게 하고
너희 속에 있는 소망에 관한 이유를 묻는 자에게는
대답할 것을 항상 준비하되
온유와 두려움으로 하고"

(벧전 3:15)

전도는 4차원의 영적 원리를
적용해야 합니다.
그러나 이 모든것 가운데,
기도를 통해 성령님이 함께 하시지 않는다면
아무것도 이룰 수 없습니다.

주여, 나를 보소서

전도를 잘하려면 어떻게 해야 하나요?

… 4차원의 영적 원리를 적용해야 합니다

전도는 길이요, 진리요, 생명이신 예수 그리스도를 전하는 영적 싸움입니다. 이러므로 3차원의 물질세계를 지배하는 4차원의 영적 원리를 적용함으로써 전도를 방해하는 사단을 묶어야 합니다. 4차원의 영적세계에서 먼저 이겨야만 생명을 구원하는 영적 싸움에서도 승리할 수 있기 때문입니다. 4차원의 영적세계를 구성하는 핵심요소는 생각, 꿈, 믿음, 말입니다.

생각

생각은 부정적인 결과와 긍정적인 결과를 낳는 실체입니다. 사람의 생각은 그의 행동과 말로 나타나며 이를 지배하기 때문입니다. 전도자가 어떠한 생각을 갖고 있느냐에 따라 긍정적인 결과를 낳기도 하고 부정적인 결과를 낳기도 합니다. 전도가 어렵다고 생각하면 전도는 실패할 것이요 쉽다고 생각하면 쉬운 것입니다.

한국 교인 중에 90% 이상이 한 명도 전도하지 못하고 있다고 합니다. 이는 전도가 어렵고 특별한 은사를 가진 사람만이 전도할 수 있다는 생각에 기인된 것으로 보입니다. 전도를 하는 데에 있어서 전도자의 마음가짐은 이렇게 중요합니다. 먼저 전도자는 한 영혼을 불쌍히 여기는 예수님의 마음과 같은 긍휼의 마음을 품어야 합니다. 한 영혼이 지옥의 불길 속에 떨어지는 것을 그냥 보고 둘 수 없는 안타까움이 있어야 합니다. 그리고 내가 보고 듣고 체험한 것을 전하지 않고는 견딜 수 없는 불타는 소원과 영혼에 대한 뜨거운 사랑이 있어야 합니다. 가데스 바네아(Kadesh-Barnea)에서 갈렙과 여호수아가 보고했던 것처럼 생각이 창조적이고 적극적이고 긍정적으로 바뀌어야 합니다. 그러면 전도가 은사가 아니라 누구나 할 수 있는 일이라는 것을 깨닫게 됩니다.

꿈

꿈은 하나님의 언어입니다. 하나님은 인간에게 꿈을 주시고 그 꿈을 통해 인도하십니다. 그러므로 꿈이 없는 사람은 목적지 없이 표류하는 배와 같습니다. 작은 꿈으로부터 큰 꿈을 품고 있으면 그 꿈이 그 사람의 운명을 이끌어 갑니다. 전도도 마찬가지입니다. 구체적인 목표와 전략 없이 무작정 길거리로 나아가서는 안 됩니다. 하나님께 기도하여 전도에 대한 꿈과 비전을 받고 나아가야 합니다. 목표 없이 꾸는 꿈은 백일몽에 불과하기 때문입니다. 가능성 있는 전도 대상 자원을 새신자로 품고 산모가 뱃속에 아기를 품 듯 영롱한 꿈으로 키워내야 합니다. 기도를 통해 연간, 분기별, 월별, 목표를 설정하고 이를 교구별, 부서별, 개인별로 할당하는 것이 중요합니다. 너무 많은 목표를 세워 처음부터 부담을 주지 말고 작은 성공이라도 거두게 하여 성취의 기쁨을 맛보도록 해야 합니다. 그렇다고 너무 작게 목표를 세웠다면 하나님이 주신 꿈이 아닙니다.

믿음

믿음은 바라는 것의 실상으로 보이지 않는 것을 있는 것 같이 바라보는 것입니다. 믿음은 꿈을 실현시키는 역동적인 힘입니다. 전도의 꿈과 목표를 세웠으면 이를 믿음으로 밀고 나아가야만 합니다. 흔들리지 않는 신념을 갖고 어떠한 난관도 극복할 수 있는 수로보니게 여인과 같은 불퇴전의 용기가 필요합니다. 믿는다고 해서 무조건 '믿습니다' 하고 아무 일도 하지 않으면 안 됩니다. 행함이 없는 믿음은 죽은 믿음이라 했습니다. 그러므로 믿음이 밖으로 드러나게 해야 합니다. 하나님께만 맡기지 말고 내가 할 수 있는 일은 최선을 다해야 합니다. 확보한 전도 대상자를 기도하면서 집중적으로 공략해야 합니다. 목표를 달성하기 위한 효과적인 수단을 최대한 동원해야 합니다. 내 생각에는 불가능할 것 같은 일도 하나님께서는 하실 수 있다는 믿음을 가져야합니다. 자신의 노력으로 될 수 있는 일을 하는 것은 믿음이 아닙니다. 이러므로 불가능해 보이더라도 전능하신 하나님을 믿고 전도하는 것이 습관이 되도록 해야 합니다. 그러기 위해서 누구를 만나든지 친절히 인사하고 상냥하게 말을 붙이는 습관을 가져야 합니다. 하나님이 역사하실 것을 믿고 무엇이든 남에게 베풀고 일부러 시간을 내어 전도하는 습관이 붙도록 하는 것이 믿음입니다.

말

말은 사람을 살릴 수도 있고 죽일 수도 있는 믿음의 중요한 요소입니다. "할 수 있거든이 무슨 말이냐 믿는 자에게는 능히 하지 못할 일이 없느니라"(막 9:23)고 하셨습니다.

말로써 믿음을 풀어 놓고 계속해서 입으로 시인해야 합니다.

전도하는 데에 있어서도 하나님이 응답하시리라는 꿈과 믿음을 가지고 입술로 복음을 확신 있게 선포함으로써 믿음을 풀어 놓아야 합니다. 입술의 고백이 누에가 고치를 만드는 것처럼 우리가 살아갈 환경을 만드는 것이므로 선포한 복음이 전도 대상자에게 이미 받아들여졌다고 시인해야 합니다. 그리고 전도 대상자에게도 복음을 시인하도록 유도해야 합니다. 관련된 성경 구절을 찾아 짚어 주며 소리 내어 읽도록 유도하는 것도 한 방법입니다. 전도 대상자가 복음을 받아드렸을 경우 반드시 결신기도를 시켜 그의 입술로 신앙고백을 하도록 해야 합니다.

그러나 4차원의 영적원리에서 가장 중요한 것은 성령님의 도우심입니다. 이를 선풍기의 작동원리에 비유해 보면 이해하기 쉽습니다. 4차원의 영적원리를 구성하는 4가지 핵심요소인 생각, 믿음, 꿈, 말은 선풍기의 각 날개와 같습니다. 이러한 요소들은 각각 따로 독립되어 있지 않고 상호 유기적인 관계를 맺고 있습니다. 4가지 요소가 함께 돌아갈 때 바람이 일어나는 것처럼 전도가 폭발적으로 일어납니다. 선풍기가 프로펠러, 모터, 버튼, 전기가 함께 어우러져야 바람을 일으킬 수 있는 것처럼 바람을 일으키기에 앞서 버튼을 누르고 모터에 전기가 공급되어야만 합니다. 이러므로 4차원 영성의 요소들도 기도의 버튼을 누르고 말씀의 모터에 성령의 전기가 공급되어야만 합니다. 그래야만 생각, 믿음, 꿈, 말의 프로펠러가 함께 작동되어 시원한 바람을 일으킬 수 있는 것입니다. 프로펠러의 재질이 아무리 뛰어나고, 출력이 좋은 모터가 달려있으며, 최고급 소재의 버튼이 달려있더라도 반드시 기도의 버튼을 누르고 성령의 동력이 공급되어야만 합니다.

이처럼, 4차원 영성의 요소가 아무리 잘 갖춰져 있을지라도 기도를 통해 성령님이 함께 하시지 않는다면 아무 것도 이룰 수 없습니다.

❖❖❖

… 전도 전략을 세워야 합니다

예수님은 전도하라고 열두제자를 보내면서 "너희는 뱀 같이 지혜롭고 비둘기 같이 순결하라"(마 10:16)고 하셨습니다. 이러므로 전도하는 데에도 지혜로운 전략이 필요합니다. 전략 없이 전도하는 것은 향방 없이 허공을 치는 것과 같습니다. 그러므로 전도 전략은 어찌하든지 사람들을 교회 안으로 끌어 드리는 것이어야 합니다. 교회가 가지고 있는 건물이나 시설 등 물적 자원과 인적 자원을 최대한 동원하는 전략을 세워야 합니다.

첫째, 분명한 목표를 세워야 합니다.
연간 전도 목표와 분기별 목표, 월간 목표가 있어야 합니다. 교회의 목표는 담임목사가 하나님께 기도하여 세울 수도 있고 성도들이 각자 세운 목표를 교회에 제출하고 이를 합산하여 세우는 방법이 있습니다. 그러나 교회의 목표와는 별도로 전 성도가 개인별 전도 목표를 가져야만 합니다. 개인이나 교회의 형편과 지역사회의 여건 등을 고려하여 달성 가능한 목표를 세워야 합니다. 그러나 하나님이 주시는 꿈과 비전이 없는 목표는 사람이 만든 허구에 불과합니다. 이러므로 목표를 세우기 전에 반드시 전도에 대한 뜨거운 소원을 달라고 전 성도가 기도해야 합니다. 목표를 세울 때 재정에 대한 고려는 맨 나중에 해도 됩니다. 하나님의 일은 돈 때문에 못하는 경우가 없기 때문입니다.

둘째, 우리 자신을 알아야 합니다.

손자병법에 적을 알고 나를 알면 백전백승이라고 했습니다. 전도 대상자를 공략하기에 앞서 나 자신과 우리 교회가 잘 준비되어 있는지를 먼저 점검해 보아야 합니다. 우리의 영적상태, 전도에 대한 자세와 확신, 전도에 할애할 수 있는 시간 등을 진단하고 점검해 봅니다. 전도를 위한 우리 교회의 강점과 약점, 전도에 동참할 수 있는 인원과 동원할 수 있는 수단, 위험요소 등을 철저히 분석해야 합니다. 그리고 우리 교회에서 가장 잘 훈련된 인적 자원과 동역자를 알아보아야 합니다.

셋째, 지역 여건 및 전도 대상자의 성향을 분석해야 합니다.

나의 주변과 우리 지역에 어떤 사람들이 살고 있는지, 새로 이사 온 사람은 누구인지, 문제가 있는 가정은 얼마나 되는지, 지역사회가 안고 있는 현안과 문제점은 무엇인지 등을 조사하고 분류하여 전도할 대상자를 선정하고 리스트를 작성해 둡니다. 우선 선정 대상자로는 나와 가장 가까운 사람부터 시작하여 우리 교회를 한 번 이상 출석하였거나 방문한 일이 있는 사람, 새신자의 가족이나 친지, 건강이나 재정적인 어려움을 겪고 있는 가정, 생활 보호 대상자 등을 우선 생각해 볼 수 있습니다. 이렇게 분류해 보면 어떠한 전도 방법으로 어떻게 공략하는 것이 가장 효과적일는지를 쉽게 파악할 수 있습니다. 예를 들어 맞벌이 부부, 취학 전 아동들의 숫자를 파악해 두면 탁아소 및 어린이집 운영 같은 어린이 대상프로그램을 개발함으로써 부모들을 효과적으로 전도할 수 있는 전략을 수립할 수 있습니다.

넷째, 구체적인 실행 계획을 세워야 합니다.

실행계획을 세우기에 앞서 지역사회가 교회에 대해 좋은 인상을 받게 해야 합니다. 그러기 위해서는 우선 그들이 필요로 하는 교회가 되어야 합니다. 거부감을 주지 않도록 예의 바르고 겸손하게 행동하고 봉사해야 합니다. 예를 들어 교회시설을 주민 행사장으로 내어주어 교회 휴식 공간 개방, 어린이 놀이 공간 제공, 독서실 등을 운영하는 한편 성극공연, 음악회 개최 등의 문화행사와 지역주민 경로잔치 등의 주민친화 프로그램을 생각해 볼 수 있습니다.

등하교 시 아동 도우미 활동, 무료진료 및 이발봉사, 발마사지 등을 통해 지역주민에게 좋은 인상을 심어주고 지역사회 안에 우리 교회의 이미지를 제고시켜야 합니다. 지역 사회에 영향력 있는 인물이나 단체와 좋은 관계를 맺는 것도 좋습니다. 그리고 그들을 교회로 초청하는 계기를 만들어야 합니다. 추수감사절 및 교회창립기념행사 등 교회의 각종 행사를 통해서 이들이 자연스럽게 교회에 올 기회를 부여해 줍니다. 실행계획은 이미 세운 목표에 따라 구체적이고 실천 가능하도록 편성합니다.

다섯째, 전 교인들에게 전도의 열정을 불어넣어 주어 전도붐(boom)을 조성합니다.

전 성도들이 전도에 대한 꿈과 열정으로 일체감을 갖도록 합니다. 성도들의 참여를 높이기 위하여 표어나 구호를 현상 모집하여 시상하는 방법도 있습니다. 전도의 붐을 조성하는 데에는 전 교인이 노방전도에 참여토록 하면 효과적입니다. 전도 세미나와 간증집회, 전 교인 전도 교육을 하면 좋습니다. 전도자 양성 프로그램을 통해 훈련된 전도자를 양성합니다. 전도 왕을 뽑아 시상하는 것도 한 방법입니다. 그러나 무엇보다도 중요한 것은 성령 충만을 받는 것입니다. 전도를 위한 성령 대망회를 개최하여 전 교인의 성령 운동을 일으켜야 합니다.

여섯째, 전도 요원을 조직화하고 이를 지속적으로 관리해야 합니다.

전도는 모든 사람이 해야 하지만 은사와 열정과 사명감이 있는 사람이 먼저 해야 합니다.

전도에 은사가 있는 사람이나 훈련받은 사람들을 중심으로 전도팀을 운영함으로써 리딩그룹을 형성하도록 합니다. 어떤 조직이든 그 조직을 이끌어 가는 것은 10%의 리딩그룹이기 때문입니다. 필요할 경우 전도 특공대를 둘 수 있습니다. 전도팀에 속하지 않은 사람일지라도 기도와 물질 후원 등으로 전 교인이 전도에 참여하도록 유도합니다. 어떤 행사를 언제, 어떻게 할 것인가? 누가 그 일을 책임질 것인가? 그 일에 경비는 얼마나 드는가? 등을 협의하여 결정해야 합니다. 월별, 분기별, 연간 실적을 점검하고 평가하는 피드백(feedback)작업이 따라야 합니다. 평가 시에는 먼저 잘한 점을 칭찬해 주고 보안 점은 참여자들이 스스로 찾아내도록 유도해야 합니다. 평가 결과는 반드시 기록으로 남겨 다음 전도 시 활용하도록 합니다. 전도는 이례적인 행사가 아니므로 지속해서 성실하게 추진되어야만 합니다. 무엇보다도 가장 좋은 전도 전략은 겸손하고 성실하고 꾸준한 것이기 때문입니다.

지하철역, 마트 등 일정한 전도 포인트를 정해놓고 음료수 및 간식 제공 등 범교회적 전도활동을 지속해서 전개하는 것이 필요합니다. 그러나 아무리 좋은 전도 전략을 세우고 모든 수단과 방법을 동원한다 할지라도 성령의 도우심이 없이는 아무것도 되지 않습니다. 이러므로 성령의 도우심을 간구하는 기도가 뒤따라야 함을 명심해야 합니다.

◆◆◆

… 전도자를 훈련시켜야 합니다

전도는 '누구나' 할 수 있으나 준비 없이 나가서는 안 됩니다.

평신도들이 전도 훈련을 받지 않고 그리스도에 대한 열정만으로 설불리 전도를 시작하다가는 결국 실패함으로써 전도란 어렵다는 선입견을 갖게 되기에 십상입니다. 전도는 예수님의 지상명령이므로 누구나 참여해야 하지만 아무런 준비 없이 설불리 하려고 해서는 안 됩니다.

전도하고자 하는 평신도라면 누구나 먼저 전도 훈련을 받아 전도자가 가져야 할 기본자세와 마음가짐부터 준비해야 합니다. 그리고 전도 전략과 예절, 전도 방법 등을 충분히 숙지 한 후에 전도 현장에 나가야 합니다. 이 시대에 맞는 실질적인 전도 훈련을 받아야 합니다.

교회 전체가 유능한 전도자를 양성하는 전도 훈련장이

되도록 만들어야 합니다.

유능한 전도자란 외부에서 들어오는 것이 아니라 자체에서 양성되는 것이기 때문입니다. 이를 위해 교회 자체적으로 전도자 양성 프로그램을 설치 운영하거나 여의치 못할 경우 외부 위탁교육이나 외부 강사를 초빙하여 실시할 수도 있습니다. 그러나 더욱 중요한 것은 책상에 앉자 이론을 습득하는 것이 아니라 전도 현장에 나가서 실습함으로 몸으로 체득하는 것이 더 중요합니다. 열 가지를 알고도 실행하지 않는 것보다 한 가지를 알더라도 실행하는 것이 중요하기 때문입니다.

전도의 실습은 다음과 같은 요령으로 실시합니다.

첫째, 이미 훈련받은 사람과 함께 짝을 이루어 전도 현장에 나갑니다.

둘째, 훈련받은 사람이 복음제시를 하고 훈련생은 기도로 돕습니다.

셋째, 복음제시의 현장에서 직접 보고, 듣고 참여하여 실제적인 전도 기술을 익힙니다.

넷째, 훈련생도 단계적으로 책임을 넘겨받습니다.

다섯째, 전도가 끝난 후 부딪혔던 어려움과 미진했던 점을 서로 나누고 평가하여 대책과 처리 요령을 숙지토록 합니다. 그리고 이 모든 것은 전도 대상자의 인적사항과 함께 기록으로 남겨둡니다.

◆◆◆

… 전도팀을 운영해야 합니다

전도팀의 구성

두세 명으로 구성하는 것이 좋으며 부부가 아닌 남녀 두 사람이 한팀이 되는 것은 피해야 합니다. 또 동성만으로 세 사람이 한팀이 되는 것도 바람직하지 않습니다. 전도팀 중 최소 한 사람은 전도 경험이 풍부한 사람이어야 합니다. 경험이 많은 전도자와 함께 전도의 현장에 나가 보고 배우는 것이 중요하기 때문입니다.

◆◆◆ 전도 팀원이 기본적으로 갖추어야 할 요건 ◆◆◆

1. 전도 대상자에게 관심을 갖고 대상자의 영혼을 뜨겁게 사랑해야 합니다.
2. 전도 대상자가 무엇이 필요한가를 진단하고 도와줍니다.
3. 기도수첩이나 전도 대상자의 카드를 갖고 다니면서 매일 기도합니다.
4. 전도 대상자의 영적인 상태를 진단하여 그에 맞도록 대응합니다.
5. 복음을 효과적으로 제시할 수 있는 기회와 방법을 찾아야 합니다.
6. 전도 대상자가 복음에 귀 기울일 수 있도록 관심을 이끌어야 합니다.
7. 가급적 한 번에 한사람씩 전도합니다.
8. 쉽게 단념하지 말고 끈질기게 전도합니다.
9. 전도 대상자를 예수 그리스도 앞으로 인도하여 결신시켜야 합니다.
10. 결신한 전도 대상자를 교회까지 인도하여 정착시킵니다.

사전 준비사항

현장에 나아가기에 앞서 전체 전도팀이 모여서 교실 수업을 한 다음 기도회를 갖습니다. 그 날 만날 전도 대상자에 대한 정보와 전도 방법에 대한 강의를 듣고 다음 주 전도 대상자 선정 및 전도 방법에 대한 숙제를 부과합니다. 그리고 난 후 두세 사람이 한팀이 되어 지난주 전도 현장에서 얻은 교훈과 경험을 나누고 오늘의 현장에서 잘 적용할 수 있도록 성령님께 간절히 기도해야 합니다. 그리고 오늘 만날 전도 대상자가 마음 문을 열어 복음의 내용을 깨닫게 해달라고 성령님의 도우심을 구해야 합니다.

복음제시 요령

예수님은 "오직 성령이 너희에게 임하시면 너희가 권능을 받고 예루살렘과 온 유대와 사마리아와 땅 끝까지 이르러 내 증인이 되리라"(행 1:8)고 하셨습니다. 이러므로 전도자는 예수님의 증인이 되어야 합니다. 증인이란 자신이 보고, 들은 것을 사실대로 증언하는 사람입니다. 따라서 자신이 체험하지 않은 것을 전하면 거짓말하는 것이 됩니다. 역

사상 가장 위대한 전도자는 예수님이십니다. 예수님은 요한복음 4장에서 사마리아 여인에게 전도하는 모습을 통해 복음제시의 여섯 단계를 가르쳐 주셨습니다(p. 145. '생활 전도 방법'참고).

1. 관심 갖기

안녕하세요? 잠시 말씀 좀 나눌 수 있을까요? 저희들은 ○○○교회에서 나왔습니다.
혹시 교회에 다니시나요?

2. 전도의 다리 놓기

답변 1 - 교회에 다니는 사람인 경우 : 아~ 그러시군요. 반갑습니다. 저희 교회에서 만든 전도지인데 한번 읽어 보시겠습니까?

답변 2 - 교회에 다니다가 그만둔 경우 : 전도의 가능성이 높으므로 보다 적극적인 접근과 관심이 필요합니다. 선생님이 교회를 그만두신 데에는 그럴만한 이유가 있었겠지요. 실례가 되지 않는다면 왜 교회를 그만두셨는지 말씀해 주실 수 있을까요? (이유를 듣고 난 후) 선생님의 말씀을 듣고 보니 이해가 됩니다. 저도 그런 경우 선생님과 비슷한 결정을 내렸을지도 모르겠네요. 그러나 예수님을 믿는다는 것은 그러한 비본질적인 문제보다 더욱 중요한 것이 있습니다. 괜찮으시다면 제가 왜 예수를 믿게 되었는지 말씀드려도 되겠습니까?

답변 3 - 교회에 다닌 적이 없는 사람인 경우 : 선생님은 인품이 너무 좋으시고 모든 일이 술술 잘 풀리셔서 아직까지 교회에 다니실 필요를 느끼지 못하셨나 보군요. 그러나 세상사가 다 마음먹은 대로 되는 것도 아니고 어려움에 봉착할 때도 있지 않겠어요? 또 이 세상에 태어난 사람은 누구나 한 번은 죽게 마련이지요. 제가 선생님에게 우리가 필연적으로 만나게 되는 인생의 본질적인 문제에 대해 잠시 말씀드려도 되겠어요?

3. 마음문 열기

저의 경험으로 볼 때 세상을 살면서 죄를 짓지 않고 살기란 불가능한 것 같아요. 성경에도 의인은 없나니 하나도 없다고 하셨습니다. 누구나 크고 작은 차이는 있겠지만 죄를 짓지 않고 살 수는 없을 것입니다. 죄를 지으면 반드시 심판이 있게 마련이지요. 죄의 대가를 치러야 하니까요. 성경에 "한 번 죽는 것은 사람에게 정해진 것이요 그 후에는 심판이 있으니"(히 9:27)라고 하셨거든요. 그런데 죄인인 인간은 스스로를 구원할 수 없습니다.

4. 동기 부여

하나님은 의로우시기 때문에 인간들이 지은 죄를 반드시 벌하셔야 합니다. 그러나 하나님은 또 자비로우시기 때문에 인간을 벌하실 수 없으십니다. 이런 딜레마를 해결하시기 위해 하나님은 당신의 아드님이신 예수님을 이 땅에 보내신 것입니다. 예수님은 참 하나님이시며 동시에 참 사람의 모습으로 오셔서 우리의 죄 값을 대신 치르시려고 십자가에 달려 돌아가셨습니다. 그리고 사흘 만에 부활하셨습니다. 이처럼 예수님이 죄 값을 치르셨기 때문에 우리는 구원을 거저 받았지요. 이러므로 우리는 예수님의 십자가 보혈을 믿으면 은혜로 구원을 받고 천국에 갈 수 있게 되는 것입니다. 성경에 "죄의 삯은 사망이요 하나님의 은사는 그리스도 예수 우리 주 안에 있는 영생이니라"(롬 6:23)고 하셨거든요. 그리고 예수를 믿으면 현세에서도 심령천국을 누릴 수 있답니다.

5. 믿음의 결과

구원은 우리가 공로가 있거나 자격이 있어서 받는 것이 아닙니다. 돈으로 살 수 있는 것도 아닙니다. 오직 믿음으로 받는 것입니다. 먼저 내가 죄인임을 고백하고 예수님이 나 대신 십자가에 달려 돌아가시고 사흘 만에 부활하셨다는 사실을 믿는 믿음으로 받는 것입니다. 성경에 '만일 우리가 우리 죄를 자백하면 그는 미쁘시고 의로우사 우리 죄를 사하시며 우리를 모든 불의에서 깨끗하게 하실 것'(요일 1:9)이라고 하셨습니다.

6. 결신

지금까지 제가 드린 말씀이 이해되십니까? 예수님의 목숨과 바꾸신 이 선물을 받기 원하십니까? (받아들이겠다고 할 경우) 감사합니다. 참 잘 결정하셨습니다.

선생님은 지금부터 예수님을 구세주로 영접하셨습니다.

이는 지금까지 선생님이 지은 죄를 회개하고 예수님을 삶의 주인으로 모시겠다는 뜻입니다. 이제 지금까지 선생님이 지은 모든 죄를 예수님이 씻어주셨습니다. 그럼 제가 선생님을 위해 잠깐 감사기도 드리겠어요.

하나님 아버지 지금 길을 잃었던 어린양이 회개하고 주님 품에 돌아왔습니다. 지금부터 영원토록 이 영혼을 지키시고 보호해 주시옵소서. 예수님의 이름으로 기도드립니다. 아멘.

그러면 지금부터 제가 하는 기도를 한 구절씩 따라해 주십시오.

"사랑하는 예수님, 저는 죄인입니다. 지금까지 어디에서 와서 무엇 때문에 살며 어디로 가는지 알지 못하고 방황하며 살아왔습니다. 이제 저의 모든 죄를 고백하고 회개하오니 용서하여 주옵소서. 십자가의 보혈로 저의 죄를 씻어 주옵소서. 저를 위하여 죽으시고 저를 위하여 부활하신 예수님을 저의 구주로 모셔드립니다. 지금부터 천국 갈 때까지 저를 인도하여 주옵소서. 저를 구원하여 주시니 감사합니다. 예수님의 이름으로 기도합니다. 아멘."

7. 인도

하나님의 자녀가 되신 것 축하드려요(박수). 이제 선생님은 저와 한 가족이 되었습니다. 하나님을 같은 아버지로 모셨으니까요. 다음 주일 8시까지 댁으로 모시러 갈게요(교회 앞에서나 다른 약속 장소를 따로 정하지 말고 가급적 집으로 찾아가는 것이 좋음).

◆◆◆ 확인해 봅시다

1. 전도를 잘하려면 어떻게 해야 하나요?
2. 전도 전략은 어떻게 세워야 합니까?
3. 전도 훈련은 왜 받아야 합니까?
4. 전도 훈련 시 현장실습 요령은 무엇입니까?
5. 전도자가 갖추어야 할 기본요건은 무엇입니까?
6. 예수님이 본을 보이신 복음제시의 6단계를 알아봅시다.

◆◆◆ 다음 성구를 기록하고 묵상해 봅시다.

- 민 14:9
- 마 10:16-18
- 행 1:8

전도 방법에는 어떤 것이 있습니까?

전도 방법은 전도 대상자의 영적 상태 생활 환경 문화적 배경 등에 따라 달라져야 하며 전도자 자신이 가진 지역적 시간적 물질적 제한을 고려하여 가장 효과적인 방법을 채택해야 합니다. 그러나 가장 중요한 것은 시대의 변화와 우리 문화에 맞는 실제적인 전도 방법이 적용되어야 한다는 점입니다.

유형별 전도 방법

신약성경에 나오는 복음 전도는 단순히 설교자가 복음에 대해 설교하거나 신자가 불신자에게 예수 그리스도를 직접 전하는 형태였습니다. 그러나 오늘날의 전도자는 현대 사회가 다양해지고 복잡해짐에 따라 이에 알맞은 지혜로운 전도 방법을 사용해야 합니다. 근래에 많이 사용되고 있는 대표적인 전도의 방법들을 살펴보겠습니다.

대중 매체 전도 방법

전도자들이 대중에게 복음을 전파하기 위해 영향력이 증대되고 있는 각종 대중 매체를 이용하여 전도하는 것을 말합니다. 대중 매체는 짧은 시간에 많은 사람에게 어느 지역에서나 쉽게 접근할 수 있기 때문에 이것을 통해 복음을 전하면 불신자들에게 더 효과적으로 복음을 전할 수 있게 됩니다. 특히 직접 들어가 복음을 전할 수 없는 지역에 복음을 전파하는 데 매우 유익합니다.

대중 매체의 매개체로는 라디오, 텔레비전, 신문, 잡지 등을 이용할 수 있습니다. 전도자는 라디오 방송을 통한 교회의 예배, 설교 및 간증 프로그램 시간 등을 활용하여 전도의 기회로 삼을 수 있습니다. 텔레비전의 경우 기독교 채널을 이용하여 복음의 메시지를 접하도록 하는 것도 한 방법입니다. 신문은 많은 사람이 쉽게 접하게 되는 부분에 복음의 핵심 내용을 싣는 것이 좋습니다. 그 외의 방법으로는 전화통신, 인터넷을 이용하여 전도할 수도 있습니다.

생활 전도 방법

전도자가 그리스도인의 생활을 먼저 보여 주고 인격적인 접촉을 통해서 불신자에게 교회와 복음의 중요성을 깨닫도록 하는 것을 말합니다. 생활 전도는 우리의 전 삶을 포함하는 것이며 우리가 남들 앞에서 어떻게 살기로 작정하였는지를 보여 주는 것이기도 합니다. 성도는 증인이 되기 위해서 선한 증거를 소유해야 하기 때문에 하나님의 말씀을 따라 살아가게 됩니다. 이로 인해 성도는 복음을 담대히 증거 할 수 있게 되고 세상을 향해 빛과 소금의 직분을 감당할 수 있어야 합니다.

예수님은 요한복음 4장에서 사마리아 여인에게 전도하

는 모습을 통해 생활 전도 여섯 단계의 과정을 보여 주셨습니다.

1단계, 관심 갖기 : 예수님은 아는 사람뿐만 아니라 모르는 사람에게도 전도해야 합니다. 당시 선민의식과 혈통을 중시하던 유대인들은 사마리아인을 사람으로 여기지 않았습니다. 그러나 예수님은 행실이 부정하여 사마리아인조차 상종을 꺼리던 여인을 전도 대상자로 삼으셨습니다.

"또 너희가 너희 형제에게만 문안하면 남보다 더하는 것이 무엇이냐 이방인들도 이같이 아니하느냐"(마 5:47)

2단계, 전도의 다리 놓기 : 정성 어린 관심과 사랑을 표현하여 전도의 다리를 놓아야 합니다. 예수님은 유대인들이 멸시하던 사마리아 여인의 영혼에 대해 깊은 관심과 긍휼의 마음으로 그녀에게 말을 거셨습니다. 그녀조차 "당신은 유대인으로서 어찌하여 사마리아 여자인 나에게 물을 달라 하나이까"라며 놀랄 정도였습니다. 사랑의 동기 없이는 영혼을 구할 수 없습니다. 한 사람의 영혼을 불쌍히 여기는 마음 없이는 전도할 수 없으므로 사랑의 마음으로 한 끼의 식사 대접이나 작은 선물이라도 준비하면 좋습니다.

> "선물 주기를 좋아하는 자에게는 사람마다 친구가 되느니라"(잠 19:6)

3단계, 마음문 열기 : 전도자가 먼저 마음을 열어 놓음으로써 불신자 역시 마음을 열도록 하여야 합니다. 그리하여 무엇이 문제인가를 파악하고 그 문제의 진정한 해결이 예수님께 있음을 제시해야 합니다. 예수님은 사마리아 여인에게 물을 달라고 도움을 요청함으로써 먼저 마음을 여셨습니다. 그리고 난 후 목마름의 문제를 근본적으로 해결할 수 있는 방법을 제시하셨습니다.

> "예수께서 들으시고 이르시되 건강한 자에게는 의사가 쓸 데 없고 병든 자에게라야 쓸 데 있느니라 너희는 가서 내가 긍휼을 원하고 제사를 원하지 아니하노라 하신 뜻이 무엇인지 배우라 나는 의인을 부르러 온 것이 아니요 죄인을 부르러 왔노라 하시니라"(마 9:12-13)

말문을 열 때 사용하는 언어는 저속하지 않고 복음의 내용이 진지하게 전달될 수 있도록 해야 하며 논쟁이 되지 않도록 부드럽고 설득력 있게 강약을 조절하여 말해야 합니다.

4단계, 동기 부여 : 예수님을 믿음으로 이 땅에서 복을 받고 영원히 천국에서 살 수 있다는 소망의 동기를 주어야 합니다. 예수님은 "이 물을 마시는 자마다 다시 목마르려니와 내가 주는 물을 마시는 자는 영원히 목마르지 아니하리니 내가 주는 물은 그 속에서 영생하도록 솟아나는 샘물이 되리라"(요 4:13-14)고 말씀하심으로 그 여인에게 소망의 동기를 주셨습니다.

"사랑하는 자여 네 영혼이 잘됨 같이 네가 범사에 잘되고 강건하기를 내가 간구하노라"(요삼 1:2)

5단계, 믿음의 결과 : 전도자에게 나타난 하나님의 은혜와 이적을 간증해야 합니다. 예수님은 사마리아 여인이 5번 결혼하였으나 실패한 사실을 지적하심으로 하나님의 능력을 간증하셨습니다. 그렇게 하시므로 그 여인이 "내가 보니 선지자로소이다"라고 고백하도록 하셨습니다. 전도자는 자신이 체험한 하나님의 능력을 간절히 증언해야 합니다.

6단계, 결신 : 불신자의 마음에 동요가 생겼을 때 전도자는 지체 없이 불신자를 교회로 초대하여 예배에 참석시키고 예수님을 구주로 영접하는 기도를 고백하도록 해야 합니다. 예수님이 선지자임을 깨달은 여인은 자신이 죄인임을 깨닫고 문제를 회피하기 위해 말머리를 돌렸습니다.

"우리 조상들은 이 산에서 예배하였는데 당신들의 말은 예배할 곳이 예루살렘에 있다 하더이다"라고 했습니다. 그러자 예수님은 "여자여 내 말을 믿으라 이 산에서도 말고 예루살렘에서도 말고 너희가 아버지께 예배할 때가 이르리라"고 하시면서 그 즉시 자신이 메시아임을 확증하셨습니다. 예수님은 전도 대상자가 복음의 초점을 흐려놓고 회피하려는 것이 사탄의 전략임을 아셨기 때문입니다. 그러자 그 여인은 전도자가 되어 예수님이 메시아이심을 온 동네에 선포하였습니다. 이처럼 전도 대상자가 마음의 동요를 일으키고 현장을 회피하려고 할 때 전도자는 틈을 주어서는 안 됩니다. 그의 마음에 확신을 심어주고 그의 입으로 신앙고백을 하도록 유도해야 합니다.

> "사람이 마음으로 믿어 의에 이르고 입으로 시인하여
> 구원에 이르느니라"(롬 10:10)

행사 전도 방법

전도자가 교회 각 기관에 의해 진행되는 프로그램을 통해 자신의 친구나 친지를 그리스도께 인도하는 기회로 삼는 전도 방법을 말합니다. 교회의 예배가 아닌 교회 기관의 각종 프로그램에 불신자를 초청하여 복음을 접하게 하는 전도 방법이기 때문에 전도자와 불신자가 초청하고 참여하는 과정이 부담스럽지 않고 자연스럽게 진행할 수 있습니다. 또한, 행사가 진행됨에 따라 자연스럽게 불신자의 마음의 문을 열 수도 있습니다.

전도의 기회로 이용할 수 있는 교회 기관의 다양한 프로그램으로는 절기 행사, 그룹 성경공부, 친교 모임, 찬양 음악회, 성극 공연, 교양 강좌 등이 있습니다. 평소에 알고 지내던 불신자를 만나는 장소로 이러한 기회를 이용하면 상대방이 거부감 없이 복음을 접할 수 있게 됩니다.

관계 전도 방법

관계 전도는 인간관계를 통한 전도 방법입니다. 구원받은 사람의 복음 전도에서 우선순위는 자신을 중심으로 한 동심원을 따라 결정됩니다. "오직 성령이 너희에게 임하시면 너희가 권능을 받고 예루살렘과 온 유대와 사마리아와 땅 끝까지 이르러 내 증인이 되리라 하시니라"(행 1:8). 즉 가족, 친척, 친한 친구들, 이웃, 직장동료, 아는 사람들, 모르는 사람들의 순서로 전도 대상이 확대되어 나아가야 합니다. 관계를 통한 전도는 다소 시간이 걸릴지 모르지만, 그 열매가 가장 확실한 방법입니다.

1. 전도 대상 지역 및 전도대상자를 미리 선정하고 전도 대상자의 리스트를 작성합니다.
2. 사전에 입수할 수 있는 전도 대상자의 모든 정보를 조사합니다.
3. 관계의 다리를 놓기 위해 전도 대상자를 자주 만날 수 있는 방법을 찾아 마주칠 때마다 인사를 하거나 웃어주어 친밀해지도록 노력합니다.
4. 좋은 인상을 남길 수 있도록 친절을 베풀고 말을 걸

기회를 만듭니다.
5. 대화를 통해 전도 대상자의 영적인 상태를 진단하고 새롭게 발견한 사실을 기도 노트에 기록합니다.
6. 전도 대상자에게 실질적인 도움을 주고 생일이나 경조사 등 최선의 시기를 택하여 축하나 위로의 뜻을 전합니다.
7. 전도 대상자의 반응에 따라 지혜롭게 대처하고 그를 위해 계속 중보기도 합니다.
8. 복음을 효과적으로 제시할 수 있는 방법을 찾아 끈질기게 전합니다.
9. 전도 대상자를 예수 그리스도 앞으로 인도하여 결신시킵니다.
10. 결신한 전도 대상자를 교회까지 인도하여 정착시킵니다.

남편 전도 요령

- 잔소리를 하거나 설교하지 말아야 합니다.
- 남편을 다른 가정의 남편들과 비교해서는 안 됩니다.
- 예수 그리스도와 같은 모범적인 삶을 살아야 합니다.

- 남편의 숨겨진 필요를 알아내어 채워 줍니다.
- 다른 성도에게 중보기도를 부탁합니다.

아내 전도 요령

- 뜨겁게 사랑합니다.
- 진심으로 칭찬해 줍니다.
- 아내가 좋아하는 일을 함께합니다.
- 가정 예배를 함께 드립니다.

부모 전도 요령

- 순종과 사랑의 태도를 보여드립니다.
- 인내하고 예배에 부모님을 초대합니다.
- 세심한 배려와 필요를 채워드립니다.

자녀 전도 요령

- 모범된 그리스도인의 삶을 삽니다.
- 자녀들의 습관 형성에 관심을 갖습니다.
- 자녀들의 생활 환경을 잘 파악하고 대처해야 합니다.
- 좋은 친구들을 사귀도록 지도합니다.

- 어릴 때부터 예수님을 영접하도록 가정 분위기를 만듭니다.
- 절대 포기하지 않아야 합니다.

친척 전도 요령
- 적극적인 관심을 가지고 자주 연락을 합니다.
- 관혼상제에 잊지 말고 꼭 참석합니다.
- 친척 간에 서로 말을 조심합니다.
- 친척들의 축일에 축하 전화 및 축하 카드를 보냅니다.
- 먼저 친밀한 관계를 형성한 후 자연스럽게 복음을 전합니다.

친구 전도 요령
- 인격적인 관계를 유지합니다.
- 친구의 문제 해결을 도와줍니다.
- 생일과 축일을 기억하고 축하해 줍니다.

이웃집 전도 요령
- 절대로 금전 거래를 하지 않아야 합니다.

- 겸손하고 친절히 대합니다.
- 삶의 본을 보여야 합니다.
- 조급하거나 서두르지 말고 서서히 전도합니다.

직장 동료 전도 요령
- 성실과 신뢰감으로 인정받도록 노력합니다.
- 직장 신우회를 조직하여 정기적으로 예배를 드립니다.
- 어려움에 처한 동료들을 위한 문제 해결의 기도 시간을 갖습니다.
- 한 사람씩 집중적으로 전도합니다.
- 가능한 동성에게 전도합니다.

◆ 관계 전도 방문 시 유의사항

출발 전에 기도로 준비해야 합니다. 약속 시간에 늦지 않도록 미리 도착합니다.

외모와 옷차림은 전도 대상자의 수준에 맞게 하되 검소하고 단정하게 합니다. 현관문 앞에서는 전도 대상자와 관계가 있는 사람이 잘 보이는 곳에 서도록 합니다. 정중히 인사한 후 허락을 받고 들어갑니다. 집에 들어가서 자리를 잠을 때는 전도 대상자가 가장 편한 자리에 앉도록 합니다. 복음을 제시할 사람이 대화하기에 가장 편한 자리를 택하여 앉습니다.

동행한 전도 요원은 전도 대상자의 정면에 앉지 말고 측면에 앉아 같이 열심히 들어야 합니다. 아기가 보채거나 다른 방문자가 찾아오는 등 방해 요소가 발생했을 경우 동행한 전도 요원이 아기를 돌보아주는 것과 같은 방법으로 방해요소를 제거해야 합니다.

다른 방문자가 찾아왔더라도 합석시키지 말고 일대일로 복음을 제시하는 것이 좋습니다.

복음제시가 끝날 때까지 분위기가 산만해지지 않도록 동행한 전도 요원은 움직임을 삼가해야 합니다. 전도 대상자가 싫증을 내거나 건성으로 들으면 복음제시를 중단하고 다시 시작해야 합니다. 성령님의 도우심을 구하면서 진지하게 전해야 합니다. 돌아올 시간이 되면 결신 유무와 관계없이 기도로 마칩니다. 처음부터 끝까지 웃는 얼굴로 대해야 합니다.

방문 후 전도 대상자에 대해 파악한 내용을 기록해 두는 것은 필수적입니다.

먼저 긍정적인 면을 평가하고 어떻게 하면 좀더 잘할 수 있었는지를 서로 나눕니다.

오늘의 교훈이 무엇이었는지를 기록하여 이를 놓고 중보기도 제목으로 삼습니다.

문서 전도 방법

문서 전도는 전도용 문서를 통해 전도하는 방법을 말합니다. 문서 전도의 매개체로는 문서(성경, 신앙 서적) 전도지, 전도용 소책자, 설교 테이프 등이 있습니다. 문서 전도는 한 번에 많은 사람들에게(시간의 효율성), 한 곳에서 세계의 여러 지역에 동시적으로(지역의 다양성), 정기적으로 반복해서(전도의 계속성, 반복성), 독자들에게 편리하게(전도의 편리성) 복음을 전할 수 있습니다. 또한, 전도자가 직접 갈 수 없는 곳에는 우편을 통해 전도할 수 있고 가판대를 통해 배포할 수 있으며(전도의 대체성) 비교적 비용이 저렴합니다(전도의 경제성).

전도용 문서를 통해 전도하는 방법은 전도자가 먼저 불신자의 주소를 입수하여 전도용 문서를 2, 3회 발송한 후 적절한 시기에 전화 방문하고 5회 발송한 후에는 직접 방문하여 적극적으로 전도를 합니다. 불신자가 수용적인 자세를 보이면 교회로 인도합니다.

전도용 소책자를 통해 전도하는 방법은 전도자가 밝은 얼굴로 옆 사람과 인사하며 "어디까지 가십니까?"라고 하며 "혹시 교회에 나가보지 않겠습니까?"라고 묻습니다. '복음'에 대해 들어 보았는가를 확인한 후 영원한 천국에 갈 수 있는 방법인데 3분 정도면 설명해 드릴 수 있다며 소책자를 가지고 상대방이 읽을 수 있도록 볼펜으로 또박또박 짚어가면서 설명해야 합니다.

방문 전도 방법

방문 전도란 교회의 모든 신자들이 그리스도의 증인이 되어 그리스도의 이름으로 그리스도의 영광을 위하여 잃어버린 자들을 방문하는 것입니다. 이 전도 방법은 단순한 복음의 선포만이 아닌 사람이 인격적으로 만나 개인 대 개인이 대화하며 전도하는 것입니다. 방문 전도는 복음을 각 가정에 있는 사람들에게 전달해 주고 인격적인 만남을 통해 잃어버린 영혼을 찾아내는 데 효과적인 방법입니다.

◆ 방문 전도 시 유의사항

방문 전도는 두세 사람이 한 팀을 이룹니다. 전도팀은 방문의 기회를 놓치지 않도록 매 주일 계획을 세워 정기적으로 방문 전도를 실시해야 합니다.

방문 대상자는 그리스도를 구주로 고백하지 않은 사람들과 교회에 등록하지 않은 사람들입니다. 방문 전도자는 성령에 의지하여 기도함으로 마음의 준비를 해야 합니다

◆ 사전준비

전도 대상자를 방문할 때는 미리 연락하여 상대방의 형편을 파악한 후 허락을 받고 방문해야 합니다.

방문 일정을 약속받기 위해 전화통화를 할 경우 마음가짐과 태도가 목소리를 통해 전달되므로 성실하고 겸손한 말씨를 사용합니다.

상대방을 확인하고 자신을 밝힌 후 인사와 함께 용건을 말해야 합니다. 용건은 사전에 메모하여 간결하고 빠짐없이 통화할 수 있도록 해야 합니다. 방문 약속을 받을 후 상대방이 전화를 끊은 후 조용히 수화기를 내려놓습니다.

복장은 사치스럽지 않고 단정하게 하고 전도지나 전도

용 소책자를 준비합니다.

화장은 온화하고 밝게 합니다.

◆ 방문 시

약속시간에 늦지 않도록 미리 도착합니다.

현관 앞에서 몸차림과 복장을 다시 한 번 점검합니다.

방문 대상자의 호수와 문패를 확인하고 초인종을 가볍게 2번 정도 누릅니다.

안에서 열어주기를 기다리고 현관에 들어서면 반드시 문을 닫습니다.

혹시 방문을 거절당하더라도 노하지 말고 온화하게 대하며 인내해야 합니다.

전도 대상자가 바쁠 경우에는 다음 방문의 기회를 약속 받아야 합니다

밝고 상냥한 목소리로 "실례합니다."라고 겸손하나 당당하게 인사합니다.

주인이 권유할 때까지는 먼저 거실이나 방에 들어가지 않습니다.

비나 눈이 오는 날씨에는 자신의 옷과 구두가 깨끗한지

다시 한 번 확인합니다.

신발은 자신이 정리하고 들어갑니다.

주인이 권하는 자리에 앉도록 하며 자리를 지정하지 않을 경우 입구에서 가까운 쪽을 택합니다.

◆ 대화 시

눈에 쉽게 띄는 그림이나 장식품 등을 칭찬하는 말로 자연스럽게 대화를 풀어갑니다.

대화에 성공하기 위해서는 화제 선택에 신중해야 합니다. 상대방의 자녀 문제 등 관심사나 고민을 파악하여 화제의 중심으로 삼는 것이 좋습니다.

대화 중에는 상대방의 말을 경청하고 말을 중간에서 가로채서는 안 됩니다.

밝고 즐거운 대화를 이끌며 적당한 맞장구로 응수합니다. 자기 자랑을 피하고 대화를 독점해서는 안 됩니다. 무엇보다도 전도를 위한 방문이므로 토론이 되지 않도록 재빨리 솔직하게 그리스도에 대해 말할 수 있어야 합니다. 돌아올 시간이 되면 결신 유무와 관계없이 기도로 마칩니다. 처음부터 끝까지 웃는 얼굴로 대해야 합니다.

◆ 방문 후

전도 대상자에 대해 파악한 내용을 기록해 두는 것은 필수적입니다.

먼저 긍정적인 면을 평가하고 어떻게 하면 좀 더 잘할 수 있었는지를 서로 나눕니다.

오늘의 교훈이 무엇이었는지를 기록해 둡니다. 보고해야 할 자료를 기록하고, 그 전도 대상자를 위해 함께 기도합니다.

노방 전도 방법

노방 전도는 거리나 시장, 공터 그리고 야외에서 그리스도를 전파하는 것을 말합니다. 이 전도의 방법은 "길과 산 울타리 가로 나가서 사람을 강권하여 데려다가 내 집을 채우라"(눅 14:23)는 예수님의 비유 중에서 발견됩니다. 노방 전도는 주로 소외된 지역, 유동 인구가 많은 지역, 교회에 갈 수 없는 사람들이 사는 지역에 있어서 효과적인 전도 방법입니다. 노방 전도를 하면 영적으로 침체되어 있는 교회에 영적 분위기가 고조됩니다. 또한, 성도들은 영적인 능력을 갖추게 되고 열린 마음을 갖게 됩니다. 그리고 활동의 기회가 없었던 새로운 일꾼들을 발굴하여 개발할 수 있는 기회를 마련해 줍니다.

노방 전도의 방법에는 공원이나 도시의 대로변에서 갖는 노천 집회, 유동 인구가 많은 시내 중심가에서 빌린 건물이나 공터에서 갖는 전도 집회, 교회가 없거나 도시의 소외된 지역에서 갖는 여름 천막 집회, 번화가나 주택가, 시장, 지하철역 등에서 행인들을 상대로 하는 전도 등이 있습니다. 노방 전도시 전도자들은 충분한 기도로 무장해야 하고 적합한 찬양(악보가 담긴 전도지가 있으면 더욱 효과적임)과 설교가 있어야 합니다. 성공적인 설교의 요건은 영적이고 명료하며 전도적, 긍정적, 인격적, 교훈적, 열정적, 감동적이어야 합니다. 또한, 적절한 예화와 복음의 핵심이 담겨 있어야 합니다. 필요할 때 전도자들은 개인 상담도 해야 하고 독특한 홍보 활동도 해야 합니다(신문광고, 게시판 포스터, 전도지 활용). 노방 전도는 이례적인 행사가 되어서는 안 됩니다. 일정한 장소와 일정한 시간을 정하여 지속적으로 해야 효과적입니다. 너무 번잡하거나 너무 한적한 장소를 피하고 사람들이 모이는 시간(시장 입구나 마켓의 경우 주부들이 장 보러 오는 시간 등)을 택하는 것이 좋습니다. 관심을 보이는 사람이나 자주 만나게 되는 사람을 집중적으로 공략해야 합니다.

능력 전도 방법

능력 전도란 성령의 은사와 능력을 통해 하나님의 임재를 초자연적인 방식으로 드러내면서 복음을 증거하는 것을 의미합니다. 이 능력 전도는 사단의 세력과 싸워 하나님의 백성을 구해내는 영적인 전쟁을 효과적으로 수행할 수 있는 전도 방법입니다.

능력 전도를 하기 위해 전도자는 반드시 성령 세례를 체험해야 하며 성령의 은사를 받아야 합니다.

성령 세례는 중생한 자가 하나님의 일을 더욱 능력 있게 감당하기 위해 성령께 사로잡혀 영적 능력을 힘입는 체험을 의미합니다. 성령 세례를 받으려면 간절히 사모하는 마음과 강한 확신, 말씀의 지식, 회개와 죄 사함, 간절한 기도와 구체적인 방법들(성령대망회, 세미나)이 있어야 합니다.

성령께서 능력을 부여해 주신 것에 대한 증거이며 표적인 은사는 영적 전투에서 필수적입니다. 능력 전도에 귀하게 사용되는 은사로는 전투시 용기를 주고 전투의 방향을 제시해 주는 예언의 은사와 원수를 패배시키고 전투에서 부상당한 사람들을 완전히 회복시키는 신유의 은사, 위장하고 있는 진짜 원수를 발견케 하는 영분별의 은사, 일에 대한 비전을 주며 여러 문제점을 극복할 수 있게 하는 믿음의 은사, 능력 행함의 은사, 지혜의 말씀 은사 등이 있습니다.

총동원 전도 방법

총동원 전도는 "모든 족속으로 제자를 삼으라"는 예수님의 명령 아래 교회의 모든 성도가 증인이 됨으로써 지정한 지역의 모든 사람에게 사랑으로 복음을 전하기 위해 전도력을 총동원하는 전도 방법을 말합니다. 총동원 전도는 다양하고 복잡한 현대인들에게 복음을 집중적이고도 폭넓게 전할 수 있는 방법입니다. 이 전도를 통해 전 성도가 하나 됨을 물론 영적인 성숙을 얻게 됩니다.

- 분명한 목표와 개요를 정해야 합니다(준비 기간, 행사 기간, 목표, 총동원 날짜, 목적, 표어).
- 효율적인 조직을 구성해야 합니다(대회장, 준비위원장, 준비위원, 진행위원, 진행부서).
- 총동원 전도 운동의 개요를 지도자들에게 전달해야 합니다.
- 전 교인을 기도로 무장시켜야 합니다.

- 특별 전도대를 조직하여 활동시켜야 합니다(예: 70인 전도 특공대, 지역 전도 특공대, 전도 지원 특공대).
- 전 교인에게 전도 훈련을 실시해야 합니다(전도 학교, 전도 대회).
- 전도 및 홍보용 인쇄물을 제작해야 합니다(초청장, 스티커, 전도지, 포스터, 현수막).
- 기념품 및 시상품을 준비해야 합니다.
- 예배를 위해 특별히 준비해야 합니다(결신자들이 교회에 자연스럽게 적응할 수 있는 프로그램).
- 반드시 평가하고 자료를 보관해야 합니다.

◆ ◆ ◆

지역별 전도 방법

지역별 전도는 그 지역의 특성을 고려하여 그곳에 알맞은 전도 방법으로 복음을 전하는 것을 말합니다.

산업지역 전도 방법

산업 지역(울산의 공업단지, 포항의 화학단지, 구미의 전자지구, 창원의 중공업, 마산의 자유수출지역, 인천의 남동공단, 시화공단 등)에서

종사하고 있는 근로자들에게 전도하는 것을 말합니다. 산업 근로자들에게 복음을 통해 기계화로 말미암아 상실된 인간의 존엄성을 회복시켜 주고 결여된 가치관과 잘못된 인생관을 바로잡아 줄 수 있습니다. 그리고 교회와 사회에서 봉사할 수 있는 일꾼으로 변화시켜 줄 수 있습니다.

산업 지역에서는 기숙사 전도, 휴식 시간 전도, 퇴근 시간 전도, 조직을 이용한 전도법이 있습니다.

근로자들은 주로 기숙사에서 생활하고 있으므로 퇴근 시간에 맞추어 찾아가면 쉽게 만나 대화할 수 있습니다. 전도자는 전도지를 전하면서 자연스럽게 접근하면 됩니다.

근로자에게 있어 휴식 시간은 매여 있던 위치에서 자유롭게 활동할 수 있는 자유 시간입니다. 사람이란 매여 있기 싫어하는 성향이 있습니다. 이러한 그들의 심리에서 그 기회와 여건을 잘 파악하여 예수 그리스도를 통한 참 자유에 대해 전한다면 좋은 전도의 효과가 나타날 것입니다. 하루의 일과를 마치고 집으로 돌아가는 퇴근 시간이 되면 마음에 여유를 갖게 됩니다. 이런 기회를 이용하여 전도에 힘쓴다면 빠른 효과를 거두게 될 것입니다.

전도를 효과적으로 하기 위하여 직장 또는 기숙사처럼 집단으로 모여 있는 곳에는 전도 요원을 확보하여 그를 잘 훈련해 보내는 방법도 있습니다. 그러면 이 사람은 또 다른 요원을 확보하고 그 사람도 한 요원을 확보해 거미줄 같은 조직으로 확장해 나가게 될 것입니다. 한편 근로자의 대변자로서 복리 향상을 위해 활동하고 있는 노조에 전도자가 직접 참여하거나 요원을 파견하여 그리스도의 복음으로 운영토록 한다면 이는 복음화에 큰 기여를 하게 될 것입니다.

교육 지역 전도 방법

교육을 실시하고 있는 모든 교육 현장(각급 학교, 양성소, 학원, 유치원)에서 복음을 전하는 것을 말합니다. 이 전도 방법은 감수성이 예민한 학생들에게 복음을 전하여 올바른 신앙관과 가치관, 인격 형성에 도움을 주고 진리에 입각한 지도자를 양성하는데 기여하게 됩니다.

모든 교육 기관에서 성경 교습 시간을 설정하여 학생들에게 복음을 전하는 기회를 갖는 방법이 있습니다. 기독교 계통의 학교에서는 독실한 기독교인 교사가 가르치기도하며 교목실이 독립되어 교목이 성경을 가르치고 있기도 합니다. 그리고 비기독교 계통의 학교에서 가르치는 기독교인 교사는 자신의 과목을 통해서 복음을 전할 수 있습니다.

집단으로 활동하는 학교에서의 전도는 친교 분위기가 조성되어야 효과적입니다. 이를 위해 먼저 인간적인 친근감과 사귐이 있어야 합니다. 이러한 분위기의 기회로는 휴식 시간이나 공동활동 시간, 등산, 산책, 학술 연구, 수학여행 등을 이용하면 좋습니다.

복음의 전달은 집단적인 접촉보다는 개개인의 접촉을 통하면 더욱 효과적입니다. 그러므로 개인적인 모임이나 접촉을 할 수 있는 기회를 만들어서 전도하면 더욱 좋습니다.

농어촌 지역 전도 방법

농어촌에서 생활하고 있는 사람들에게 복음을 전하는 것으로 복음을 통해 산업화에 밀려난 농어촌 지역 주민들에게 소망을 불어넣어 줄 수 있습니다. 또한, 그들의 세계를 넓혀 주고 적극적이고 진취적인 삶을 살도록 도와줄 수 있습니다.

농촌은 농한기 또는 하우스 재배를 하는 틈틈이 이야기 할 수 있는 기회가 있습니다. 이러한 때를 전도의 기회로 이용하면 좋습니다. 기후의 영향은 수확의 다과에 지대한 영향을 주므로 농부들은 기후에 관심이 많습니다. 그러므로 전도자가 하늘의 이치와 전능자의 역사, 권능을 전한다면 많은 호응을 얻을 것입니다. 그러나 중요한 것은 먼저 그 지역 사람들과 친밀한 교제가 이루어져야 한다는 것입니다. 특히 밤 시간을 이용해 그곳에 필요한 여러 가지 정보(특용작물 재배법, 배 손질 방법, 우천시 주의 사항)를 전해 주면서 주민들과 친교 관계를 맺을 수도 있습니다.

노인층이 많은 농어촌 지역에서는 자녀들을 객지에 보내고 외롭게 사는 노인들이 많습니다. 노인들의 외로움을 달래주고 활력을 불어넣을 수 있는 건강강좌 및 오락프로그램 등을 마련하거나 의료봉사활동을 전개하면 그곳 주민들에게 많은 호응을 얻을 수 있으며 동시에 이를 통해 성경도 함께 가르칠 수 있기 때문에 자연스럽게 복음을 전해 줄 수 있습니다.

특수 지역 전도방법

특수 지역 즉, 제한된 구역(병원, 교도소, 군대, 보육원, 양로원)에 있는 사람들에게 복음을 전하는 것을 말합니다. 특수 지역 전도에는 병원 전도, 교도소 전도, 군대 전도, 보육원 및 양로원 전도 등이 있습니다. 특수 지역은 복음을 받아들이기 쉬운 환경과 마음이 조성된 곳이라고 할 수 있습니다. 그러므로 상황의 특수성으로 인해 소외된 이들에게 복음을 통해 하나님의 사랑 안에서 가까운 이웃이 될 수 있음을 보여 줄 수 있습니다. 또한, 이들이 하나님의 자녀로서 건전한 사회인으로서 당당하게 생활할 수 있도록 용기를 줄 수 있습니다.

◆ 병원 전도

환자는 육체적, 정신적으로 극도의 위축을 받고 있으므로 다른 사람의 말 한마디에도 생명이 좌우될 만큼 큰 영향을 받습니다. 병원 전도는 바로 이런 사람들, 하나님의 생명 말씀을 갈망하는 마음을 가진 사람들에게 생수를 주는 기쁨을 줍니다. 그러므로 병원은 언제든지 복음을 전하기에 효과적인 장소입니다.

병원 전도는 전도자가 위로 및 봉사를 위한 방문을 통해 환자들과 만나 복음을 전하는 방법이 가장 자연스럽습니다.

〈병원 전도 시 준비해야 할 사항은 무엇입니까?〉

출발 전에 전도 대상 인원을 추정하고 전도지와 결신서 용지 등을 점검합니다. 복장은 수수하며 단정한 차림이 좋고 화려하거나 칙칙하고 어두운 옷차림은 피하는 것이 좋습니다. 입냄새나 강한 화장품 및 향수 냄새에 주의해야 합니다.

인솔책임자는 전도처의 상황과 사정을 충분히 공지하여 그곳의 사정에 맞도록 대책을 세워야 합니다. 하나님의 영광을 가리거나 교회의 위상을 손상하지 않도록 해야 합니다.

결신자와 기도요청자의 명단을 미리 인수받아 확인해야 합니다.

전도처에 도착하여 원목실에 들어가기 전 적당한 곳에 모여 기도합니다.

원목실에 들어가서는 정중한 태도로 원목 및 직원들과 간단한 인사를 나눕니다.

원목실이 없는 경우 병원 관계자에게 미리 허락을 받도

록 합니다.

　인솔책임자는 각 팀에게 병실방문 전도시 준수해야 할 사항에 대하여 반드시 주지시켜야 합니다. 인솔책임자는 2명씩 짝을 지어 방문 전도할 층과 종료 후 모이는 장소와 시간을 지정해 줍니다. 인솔책임자는 각 팀이 병실 방문 전도를 함에 있어서 유의해야 할 사항을 미리 기록하였다가 각 팀에게 알리는 것이 좋습니다.

　인솔책임자는 전도 당일 이전에 결신한 사람이나 기도 요청자의 명단과 호실을 메모 배분하여 소홀함이 없도록 해야 합니다.

　병실 입구에서 출입을 점검하는 수위석이 있을 때에는 정중히 방문 사유를 설명하고 전도지를 전하고 들어갑니다.

　원목실이 없거나 기타 사정으로 인하여 병실 출입이 제지 되었을 때 말다툼을 하거나 언성을 높여서는 안 됩니다. 이럴 경우 방문요청 또는 기도요청을 한 환자의 이름과 호수를 밝히고 그곳만 방문하도록 합니다.

　담당 병동 또는 층에 도착해서는 각 층을 담당하는 간호사실을 방문하여 전도지를 전달합니다. 간호사실에서 병실 출입을 제지하면 이에 순응하는 것이 좋습니다. 이때에는 방문 요청자와 기존에 결신한 성도를 보살피는 뜻을 전하고 그 병실만을 방문합니다. 전체적인 병실 출입이 제재될 경우는 상부의 명령이나 전체의 의사이므로 이에 합의하지 아니하고 전도를 계속하면 문제가 될 수 있습니다.

병실에 들어갈 때는 반드시 노크하고 나서 2~3초의 간격을 두었다가 들어가는 것이 좋습니다. 환자들은 병실에서 여러 가지 일을 하게 되므로 어색한 일이 없도록 주의해야 합니다.

병실 문을 열었을 때 식사를 하고 있거나, 옷을 갈아입을 때나 환부 치료를 하고 있을 때는 환자복 위로 신체부위가 노출되므로 입실을 삼가해야 합니다.

〈병원전도시 유의사항은 무엇입니까?〉

병실 내 다른 환자에게 방해되지 않도록 주의해야 합니다.

전도팀의 리더가 복음을 제시할 때 다른 팀원은 전도 대상자가 복음에 집중할 수 있도록 분위기를 조성해야 합니다. 주변 환자에게 양해를 구하고 방해되는 요소를 사전에 제거합니다.

식사시간이나 방문객이 많은 시간은 가급적 피해야 합니다.

환자와 편히 대화할 수 있는 눈높이의 위치에 자리를 잡아야 합니다.

환자의 건강상태를 고려해서 조심스럽게 대해야 합니다.

환자들은 대부분 정신적, 육체적으로 연약한 상태에 있기 때문에 위로와 격려와 용기의 말이 필요하며, 사랑과 섬김의 자세로 대해야 합니다.

의식 없는 환자의 경우에도 청각은 살아 있으므로 복음을 선포하여 영혼이 반응하도록 기도해 줍니다. 의사 표시를 할 수 없는 환자인 경우 결신기도나 반응의 표시로 눈을 깜빡이게 하거나 손을 움직여달라고 해서 동의를 표하도록 유도할 수 있습니다.

보호자와 간병인도 전도 대상자이므로 그들의 심경이나 상태도 주의를 기울여야 합니다. 환자에게 성경말씀을 읽어 주도록 요청하면 좋습니다. 병실에 병원관계자가 있을 때는 들어가지 않도록 하고 복음제시 중이라도 병원관계자가 들어 올 경우 진료에 방해되지 않도록 복음제시를 멈추고 물러서서 기다려야 합니다. 병원관계자와도 좋은 관계를 유지하는 것이 좋습니다.

부인과병동에는 특별한 경우가 아니면 남자 전도자가 들어가서는 안 됩니다.

복음제시에 앞서 먼저 인사하고 자신을 정확히 소개해야 합니다.

서둘러 복음을 전하지 말고 환자의 병세와 신앙상태를 파악하여 그의 고통과 아픔을 공유하고 먼저 신뢰관계를 형성해야 합니다. 환자에게 필요한 도움을 주면서 자연스럽게 접촉해야 합니다. 하나님의 은혜로 치료받은 자신의 경험이나 타인의 간증을 소개하는 것이 좋습니다.

복음을 제시할 때에는 사전에 동의를 구해야 합니다. 환자의 상태를 살피면서 알맞은 언어와 예화와 시간을 조절하도록 합니다. 다른 환자에게 방해되지 않도록 너무 큰 소리로 전해서는 안 됩니다. 후속 양육이나 중보기도를 위해 환자의 신상명세를 적어오도록 합니다.

환자가 다른 종교를 믿을 경우 논쟁을 피하고 친절히 대해야 합니다.

복음제시를 거절할 경우에도 친절히 인사하고 전도지를 남겨두고 나오도록 합니다. 복음제시를 거부하더라도 대부분의 환자들이 기도해주는 것은 거부하지 않으므로 기도를 통해 간단히 복음제시를 할 수 있습니다.

기도할 때는 환자뿐만 아니라 가족과 간병인 그리고 같은 병실의 다른 환자를 위해서도 기도합니다. 기도내용은 환자의 치유와 문제 해결을 중심으로 하되 장황하지 않아야 합니다.

환자 재방문시에는 간단한 음료나 복음에 관련된 책자나 테이프를 선물로 준비하는 것이 좋습니다. 한 주간의 안부와 병세 호전 상태를 확인하고, 복음의 확신을 다시 심어주며, 기도해주고, 또 다른 새로운 환자나 전도 대상자가 있는지 살펴야 합니다.

◆ 교도소 전도

교도소 전도는 경찰서 유치장 전도, 구치소 전도, 교도소 전도로 나눌 수 있습니다. 경찰서 유치장은 아직 죄명이 밝혀지지 않은 용의자들의 집합 장소로서 이곳에 수용되는 사람은 대부분 죄인 같은 마음을 갖게 됩니다. 이러한 심리상태에 있는 사람들을 방문하여 따뜻한 위로의 복음을 전해 준다면 그들은 분명 감동과 변화를 받게 될 것입니다.

구치소는 일단 죄가 있다고 판단돼 경찰에서 호송되어 검찰에 의해 조사를 받고, 재판을 받기 위해 있는 곳입니다. 이곳에 일단 수용되면 대부분 유죄 판결을 받기 쉬우며 그중에는 억울한 누명을 쓰고 온 사람도 있을 것입니다. 이들을 면회하여 이들에게 복음을 전하면 마음의 갈등과 슬픔 속에서 예수님의 위로를 받게 될 것입니다.

교도소는 기결수들이 복역하는 곳입니다. 이곳에 면회 가서 이들에게 전도하고 복역 기간에 성경이나 신앙 서적을 읽을 수 있도록 전달해 준다면 복역 기간을 무료하게 보내지 않을 것입니다. 또한 사회에서 소외당할 것을 우려하여 고민하는 이들에게 하나님의 새로운 계획을 일깨워줌으로 기대와 소망을 가질 수 있도록 해줄 것입니다. 그리고 사형수에게는 천국의 소망을 줄 것입니다.

〈교도소 전도의 유의사항은 무엇입니까?〉

복장은 단정하고 화려하지 않도록 합니다. 전도 대상자의 개인적인 신상에 대한 질문은 삼가해야 합니다. 복음제시 중 죄인이라는 말에서 우리는 모두 죄인임을 강조하면서 전도 대상자의 거부감을 완화해야 합니다. 전도 대상자를 부르는 호칭은, 형제님, 자매님으로 합니다.

예수님의 죄값 지불과 죄로부터 자유함, 천국 시민권을 얻음과 의인이 되었음을 정확하게 설명해 주어서 예수님을 믿은 후에 죄책감으로부터 자유함을 얻고 새 삶을 살 수 있도록 소망을 주도록 합니다. 복음제시 장소는 열린 공간에서 나눕니다.

◆ 군대 전도

군대는 군목을 제외하고는 일반인들이 직접 전도 활동을 할 수 없는 곳입니다. 그러나 가족이나 친척이 복무 중에 있는 경우 그들을 면회할 때 그 기회를 이용하여 직접 전도할 수 있습니다. 또는 전도 대상자가 군대에 입대할 경우 그곳에서 직접 전도할 수 없는 경우라면 전도자는 위문품과 함께 전도 책자나 전도 편지를 보내어 전도할 수 있습니다. 그밖에 군부대의 허락을 받아 위문공연 등 전도집회를 갖는 것도 좋습니다. 가족과 친구들을 떠나 외로움을 느끼는 이들에게 복음은 큰 위로가 될 것입니다.

◆ 보육원 및 양로원 전도

보육원과 양로원은 가족이 없이 외로운 사람들이 생활하고 있는 곳입니다. 이들에게 있어서 외부인의 방문은 그 무엇보다도 반가운 일일 것입니다. 방문 시 전도자는 선물을 준비하는 것이 좋습니다.

이 기회를 이용해 그들에게 영원한 부모님이 되시고, 있을 곳을 마련해 주시는 하나님을 소개한다면 이들에게 더 없는 기쁨과 소망을 안겨주게 될 것입니다.

이러한 방문이 단 한 번에 그치지 않고 정기적으로 계속된다면 많은 영혼을 구원할 수 있습니다.

〈고아원 및 양로원 전도〉

보육원은 부모와 함께 살지 않기 때문에 아이들이 정서적으로 불안정하고, 외로워하므로 애정을 주고 많은 대화를 나누면서 마음 문을 열게 한 후에 복음을 전하는 것이 바람직합니다. 소년원은 복음을 통해 그들의 행위적인 죄를 깨닫게 하고 자연스럽게 주님을 영접하게 합니다. 나이가 어리고 상처가 많으며 반항적인 성격이 대부분입니다. 이러므로 이들에게 감동을 줄 수 있는 간증이나 자전적수

필 등을 선물함으로써 미래에 대한 소망과 꿈을 심어 주는 것이 중요합니다.

양로원은 나이가 많은 노인이나 병약자들이 사는 곳으로 외로움을 달래드리며 자녀 된 마음으로 대해야 합니다. 복음도 이해하기 쉽고 간단하게 전하며 후속 양육에 힘써야 합니다.

기타 지역 전도 방법
◆ 공원 및 백화점 전도

공원이나 놀이공원은 사람들이 휴식하는 곳이므로 시간적 제약이 덜한 편입니다.

백화점에서는 휴식공간에서 쇼핑이 끝난 사람을 대상으로 만나는 것이 좋습니다.

시간적 제약이 많은 장소라 짧게 복음제시를 합니다. 주의가 산만한 장소는 가급적 피하는 것이 좋습니다. 이런 장소에서 복음을 제시 할 때에는 먼저 인사하고 어느 교회에서 나왔다고 신분을 밝힙니다. 질문지나 전도지를 통해 자연스럽게 접촉합니다. 잠깐 시간을 내달라고 양해를 구하고, 옆에 앉아도 되는지 묻고, 허락을 받은 후 복음제시를 합니다.

전도 대상자의 연령층에 따라 잘 접근하도록 고려해야 합니다. 2인 1조로 접촉하는 것이 영적 무장에 도움이 됩니다. 음주 중인 사람, 데이트 중인 사람, 3인 이상은 가급적 피하는 것이 좋습니다.

◆ 아파트 전도

아파트는 호별 방문이 어려우므로 아파트 정문에서 출입하는 주민을 대상으로 전도하는 것이 효과적입니다. 아파트 내 주민들이 모이는 노인정이나 상가 내 은행 휴식공간에서 전하는 것도 좋습니다.

노인정은 접근하기에 쉽고, 노인뿐만 아니라 그 가족도 함께 전도할 수 있는 장점이 있습니다. 호별 방문 시 벨을 눌렀을 때, 옆집에서 미리 알지 못하도록 목소리를 작게 합니다.

교회에서 왔다고 하면 문을 열어주지 않을 수 있으므로 설문지나 전도지를 활용하는 것이 효과적입니다.

◆ 기차 및 지하철역과 고속터미널 전도

대기실에 앉자 기다리고 있는 사람들을 대상으로 전도

합니다. 시간적 제약이 따르는 장소로 짧은 시간에 전도해야 하므로 전도지로 사용하는 것이 좋습니다. 기차나 고속버스 여행객일 경우 승차시간을 미리 물어보고 시간 분배를 잘해야 합니다. 어디에 가시느냐고 물으면서 자연스럽게 접촉점을 찾아야 합니다. 지하철역에서는 출근하는 아침 시간을 이용하여 아침 식사를 거르고 출근하는 사람들에게 간단한 간식거리나 음료를 곁들어 전도하는 것이 효과적입니다. 교회와 신분을 밝히고 정중하게 전도해야 합니다.

◆ ◆ ◆

세대별 전도 방법

세대별 전도는 나이에 따라서 전도 방법을 달리하는 것을 말합니다. 세대별 전도에는 어린이 전도, 청소년 전도, 중·장년층 전도, 노년층 전도 등이 있습니다.

어린이 전도 방법
12세 이하의 아이들에게 복음을 전하는 것을 말합니다.

성경은 "마땅히 행할 길을 아이에게 가르치라 그리하면 늙어도 그것을 떠나지 아니하리라"(잠 22:6)고 했습니다. 길과 진리와 생명이 되신 하나님을 어린이들에게 전하는 것은 모든 일에 앞서 반드시 행해져야 할 일입니다. 예수님을 영접한 어린이들은 영혼이 구원받을 뿐만 아니라 하나님의 영광을 드러내는 데 사용됩니다. 그들의 재능을 일찍 발견하여 훈련함으로써 그들의 전 생애가 하나님을 섬기는 데 헌신 될 수 있도록 할 수 있습니다.

어린이를 전도할 수 있는 기회는 예수님을 영접한 부모님이 계신 가정과 교회 학교, 어린이 성경학교, 어린이를 위한 특별모임 등을 통해 이루어집니다. 가정예배, 교회예배 시간, 성경 읽기, 영적인 일에 관한 대화, 기도, 찬송가나 복음성가 부르는 것 등은 한 어린이가 예수님을 영접하는 데 큰 영향을 미치는 것들입니다. 또한, 교사의 밝고 경건한 생활도 영향을 줍니다.

전도자가 어린이들에게 복음을 전할 때에도 역시 기도로 준비해야 하고 간단하며 쉬운 용어를 사용해야 합니다. 또한, 전도자는 전도하는 데 사용할 자료(그림책, 어린이용 소책자 등)를 준비해야 합니다.

교회 학교에서 공개적으로 복음 잔치에 초대할 때 어린이들을 고개 숙이게 하거나 눈을 감도록 해서 예수님을 구주로 영접하도록 할 수도 있습니다. 그러나 어린이에게 영접의 결단을 강요해서는 안 됩니다. 그리고 복음에 응한 어린이와 대화할 때 그들의 믿음의 기초가 그리스도에 있는가를 확인하는 것이 중요합니다. 만일 어린이가 그리스도를 개인적으로 영접했다면 어린이에게 그리스도가 자신의 구세주이심을 고백하도록 격려하는 것이 좋습니다. 또한, 전도자는 결신한 어린이가 영적인 성숙에 이르기까지 지도해야 합니다.

청소년 전도 방법

13세부터 25세까지의 청소년기에 해당되는 사람들은 신체적, 정신적으로 성숙되어 가고 자아가 형성되어 가는 과도기입니다. 또한, 인생의 장래를 설계하는 단계에 있습니다. 그러나 만일 그들의 계획이 성립되지 못했을 때에는 인생에 대해 좌절하거나 포기하는 단계에 이르기도 합니다. 그러므로 청소년들이 예수님을 구주로 영접하도록 하여 성경에서 말하는 가르침 속에서 성장하게 하는 것은 매우 중요한 일입니다. 전도자는 복음을 통해 정체성의 위기에 있는 청소년들에게 해답을 줄 수 있습니다. 또한, 과도기로 불안정한 시기여서 방황하거나 좌절하고 인생을 포기할 위험이 있는 그들에게 인생의 방향과 비전을 제시해 줄 수 있습니다.

청소년들은 자신의 정체를 알려고 합니다. '나는 누구인가?'라는 내면의 질문을 합니다. 그러므로 전도자는 청소년들이 갖는 의문들을 인식하고 그들의 질문에 대답해 줄 수 있어야 합니다. 그리고 청소년 자신이 이 문제에 대한 해답을 성경 속에서 찾을 수 있도록 지도해야 합니다. 성경공부를 하는 동안 청소년들은 자신의 정체성을 찾을 뿐 아니라 그리스도에 대해 결단하는데 기초가 될 지적이고 감정적인 태도를 형성하게 됩니다. 왜냐하면, 진리의 말씀이 죄를 깨닫게 하고 삶을 변화시키기 때문입니다.

성경공부를 할 때 전도자는 가르치려는 자세보다는 친구나 상담자와 같은 입장에서 이들과 함께해야하며 배우는 자세를 취해야 합니다.

그렇게 할 때 이들이 그리스도를 영접하는 동기를 유발하는 데 도움이 됩니다. 또한, 이때의 분위기가 복음을 받아들이게도, 거부하게도 할 수 있으므로 부드럽고 안정감 있는 환경과 분위기 조성이 중요합니다.

또한, 청소년들을 구원받게 하는 가장 좋은 방법 중 하나가 같은 또래의 믿는 친구들이 전도하는 것입니다. 이밖에 청소년들을 교회로 끌어드리기 위해 독서실 및 진학상담실 운영 등도 고려해볼 만 합니다.

청·장년층 전도 방법

청년기부터 60세 이전의 청·장년기는 청년기에 세워 놓았던 모든 계획을 실현해 보려고 노력하는 때입니다. 청년기는 신체적, 정신적인 면이 성인으로서 원만히 발달한 시기로 자신의 주관과 목표를 세워 활동하는 때입니다.

반면 장년기 후반부, 즉 갱년기에 접어들면서는 모든 일에 결단력을 잃고 현실에서 하루하루를 이어나가고자 하는 안일 무사주의적인 사고가 지배하는 때이기도 합니다. 이러한 시기에 있는 사람들에게 복음을 전하는 것을 청·장년층 전도라고 말합니다. 전도자는 이들에게 복음을 전함으로 가정과 사회에서 이루어야 할 계획이 많아 부담감에 억눌려 있는 사람들에게 안식을 줄 수 있으며 인생의 전환점에서 허무함과 좌절을 느끼는 사람들에게 새로운 의욕과 삶의 방향을 제시해 줄 수 있습니다.

이들에게 전도할 때에는 먼저 실제적인 면에서부터 시작해야 합니다. 즉, 마음의 평강, 가정의 행복이 최우선임을 강조해야 합니다. 사회와 국가의 최소 단위인 가정의 안정 없이는 사회와 국가의 안정도 없다는 원리에 따라 가정의 안정은 오직 하나님께로부터 나오며 이 하나님을 가정의 주인으로 모셔드릴 때 가정의 행복이 보장된다는 것을 강조해야 합니다. 또한, 가장 좋은 친구가 누구인가를 알게 하는 것이 중요합니다.

예수님은 고통받고 있는 우리를 쉬게 하시는 참 친구입니다. 그러나 이에 앞서 전도자가 그들의 친구임을 알게 하기 위해 모범을 보여야 합니다. 청·장년들에게는 맞벌이 부부를 위한 탁아소 운영, 결혼 준비 교실, 자녀 상담, 마더스드림, 파더스드림, 육아 문제 상담 등 가정의 안정을 실질적으로 도울 수 있는 프로그램의 운영이 필요합니다. 그리고 갱년기에 도달한 장년층에게는 갱년기 증상이 일어남에 따라 마음이 약해지고 삶의 문제를 심각하게 생각하게 됩니다. 이때 전도자는 인생의 유한성과 허무함, 생명

문제를 바로 깨달을 수 있도록 설명해 주어야 합니다. 그래서 예수님을 통하여 얻게 되는 새 삶과 영생을 소유할 수 있도록 도와주어야 합니다.

노년층 전도 방법

60세 이상의 노년기는 인생의 황혼기를 맞아 자신의 인생을 정리할 때입니다. 이 시기의 사람들은 완고하지만, 감정은 오히려 예민해져 있는 상태입니다. 또한, 이들은 모든 일에 자기와의 융화를 바라고 있으며 만일 거기에 모순이 생기면 슬퍼하고 자기중심적이기 쉽습니다. 이러한 시기에 있는 사람들에게 복음을 전하는 것을 노년층 전도라고 하는데 전도자는 이들에게 인생에 있어 구원받을 마지막 기회임을 알려 주어 내세를 준비하고 후손들에게 믿음의 유산을 물려 줄 수 있도록 해야 합니다. 노인들에게 복음을 전하기 위해서 전도자는 이들과 많은 대화를 가져야 합니다. 먼저 그들의 무료함을 달래주고 음식을 장만해서 같이 먹기도 하며 계속된 만남과 친교를 이루어야 합니다. 그러면서 지속적으로 기도하고 복음을 증거해야 합니다. 복음 증거 시 교회 내 노인들의 훌륭한 신앙생활 모습을 소개하고 세상의 종말과 심판이 있다는 것을 설명해야 합니다.

노인들은 생명에 대한 애착이 강하므로 죽음이라는 급박한 문제를 심각하게 생각합니다.

웰빙, 웰다잉, 건강특강 등 노년층을 위한 강좌를 교회 차원에서 설치 운영하는 것이 좋습니다. 이밖에도 노년의 고독함과 소외감을 달래줄 수 있는 웃음치료, 발맛사지, 스포츠댄스 등 다양한 프로그램을 운영하여 활기찬 노후를 보낼 수 있도록 지원해야 합니다. 그러나 무엇보다도 중요한 것은 예수님을 믿어야 영혼이 구원받으며 사후에는 영생 복락을 누릴 수 있음을 가르쳐 주어야 합니다.

◆◆◆ 확인해 봅시다

1. 전도자는 무엇에 따라 전도 방법을 달리 적용해야 합니까?
2. 전도자가 생활하는 가운데 사랑을 실천하고 본을 보임으로 열매맺게 되는 전도 방법은 무엇입니까?
3. 인간관계를 통한 가장 효과적인 전도 방법은 무엇입니까?
4. 심방전도 시 유의사항은 무엇입니까?
5. 병원전도 시 유의사항은 무엇입니까?

◆◆◆ 다음 성구를 기록하고 묵상해 봅시다.

- 잠 22:6
- 히 4:12
- 요삼 1:2

다른 종교를 믿거나 이단종파에 빠진 사람들은 어떻게 전도해야 할까요?

… 다른 종교를 믿는 사람들은
어떻게 전도해야 할까요?

다른 종교와 기독교의 근본적인 차이점은 '하나님이 그리스도를 통해 인간을 구원하시기 위해 이 땅에 오신 사건'에 있습니다. 이러므로 기독교는 다른 종교와 타협할 수 없습니다. 우리가 그들을 복음의 빛 가운데로 인도하는 길밖에는 없습니다.

오늘날 어떤 사람들은 다른 종교에도 구원이 있으며 기독교와의 공통점을 찾아볼 수 있다고 주장합니다. 그러나

이 말은 기독교의 진리를 올바로 깨닫지 못한 데서 비롯된 주장입니다. 기독교는 인간의 윤리적, 도덕적 표준에 그 지상의 목표를 두고 있지 않습니다. 기독교는 죄를 지음으로 죽을 수밖에 없는 인간에게 하나님이신 예수님이 대신 피 흘려 죽으심으로 우리 죄 값인 사망을 철폐하시고 구원의 길이 되신 것입니다. 또한 누구든지 예수그리스도를 믿으면 구원을 받는다는 것입니다.

기독교의 지상 목표는 구원에 있습니다. 물론 이 세상의 종교 중에 윤리적인 종교도 많이 있습니다. 그러나 타락한 인간은 구원에 이르는 거듭남이 없이는 윤리적, 도덕적 삶도 살 수 없습니다. 구원은 행위가 아닌 오직 예수 그리스도를 믿는 믿음으로만 가능한 것입니다. 이에 대해 성경은 "다른 이로써는 구원을 받을 수 없나니 천하 사람 중에 구원을 받을 만한 다른 이름을 우리에게 주신 일이 없음이니라"(행 4:12)고 하셨습니다.

실예) 1

로스앤젤레스에서 하와이까지 가는 비행기 안에서 있었던 일입니다. 옆자리에 앉은 한 미국인과 이야기를 나누게 되었습니다. 그는 큰 회사의 부장으로 가톨릭 신자라고 했습니다. 대화 중에 그가 하나님에 대해서 알고는 있었지만 신앙의 확신이 없어 보였습니다. 그래서 그에게 예수님이 우리의 구주가 되심을 알려 주고자 예수님에 대한 이야기를 꺼냈습니다. 그러자 그는 "목사님, 저는 예수님에 대해 별 흥미가 없습니다. 지금 제 나이가 서른세 살인데 다른 사람에 비해 출세가 빠른 편입니다. 앞으로도 얼마든지 발전할 자신이 있습니다. 그런데 우리 신부님께서는 참된 신앙생활을 하려면 고통 속에서 눈물을 흘리며 가난하게 살아가야 한다고 말씀하셨습니다. 만일 그 말씀대로라면 성공도 포기하고 인생의 즐거움도 외면하고 살아야 하는데 저는 그럴 자신이 없습니다."라고 말했습니다.

그래서 나는 이렇게 말했습니다.

"신부님이 그렇게 말했다면 예수 그리스도에 대해 잘못 알고 계신 것입니다. 예수 그리스도는 우리에게 생명을 주시되, 풍성히 주시기를 원하십니다. 영혼이 잘됨같이 범사가 잘되고 강건하기를 원하십니다. 하나님께서는 한 번뿐인 인생을 밝고 맑고 즐거움이 가득 차게 살아가기를 원하십니다. 그래서 우리에게 삶이라는 최대의 선물과 함께 저

하늘과 이 땅, 삼라만상, 가족, 당신의 젊음, 사업까지도 선물로 주셨습니다. 그런데 아름다운 선물을 받고도 그것을 제대로 누리지 못하고 병들고 가난한 인생만 고집한다면 선물을 주신 하나님께 보답이 되지 않습니다."

"아니, 그런 교리도 있습니까? 그런데 다른 분들은 왜 그처럼 말하지 않습니까? 목사님 말씀대로라면 누가 예수님을 믿지 않겠습니까?"

"그러니까 예수님을 믿어도 올바르게 믿어야지요. 기독교는 결코 고행의 종교가 아니랍니다."

나는 그에게 기독교의 참된 진리가 무엇인지를 알려 주고 예수님을 영접할 수 있도록 기도해주었습니다. 그러자 그는 기독교의 진리를 올바르게 깨우치고 예수 그리스도를 삶의 새로운 주인으로 모셔 들였습니다.

실예) 2

나는 어린 시절 할머니와 함께 지냈습니다. 할머니께서는 대부분의 연로하신 분들이 그렇듯이 우상을 숭배하셨습니다. 특히 할머니께서는 법명까지 받으실 정도로 남들보다 더 정성들여 부처를 섬기셨습니다.

하지만 할머니께서는 늘 죄책에 빠져 계셨습니다. 농사를 지으려면 벌레를 잡아야 하는데 살생했다는 죄의식을 갖고 계셨습니다. 윤회설을 믿은 할머니께서는 이 때문에 극락에 가지 못하고 비천한 동물로 태어날 것이라고 걱정하셨습니다. 지금까지도 내 귀에 할머니의 탄식 소리가 쟁쟁합니다. 할머니께서는 피곤한 몸을 이끌고 집에 들어오셔서 밤이 늦도록 "나는 아무래도 살생을 많이 해 극락 왕생하지 못할 것 같아. 이를 어찌하노?"하고 혼잣말로 한탄하시곤 하셨습니다. 어린 내게 할머니는 너무 가련한 모습으로 비춰졌습니다.

그 후 내가 예수님을 믿게 되자 할머니께서 가지고 있으셨던 생각이 잘못이라는 것을 깨닫게 되었습니다. 그래서 나는 할머니에게 "할머니, 예수님을 믿으세요. 그러면 모든 죄를 용서받고 천국 가실 수 있어요. 벌레를 아무리 많이 죽이셨어도 심판받지 않아요."라고 말씀드렸습니다. 할머니께서는 처음에는 완강히 거부하시다가 조금씩 복음을 받아들이셨습니다. 나중에는 완전히 속죄의 은총을 믿으셨습니다.

이 은혜를 깨달은 할머니는 어찌나 기뻐하시는지 "내 마음이 이렇게 홀가분할 수 있느냐? 참, 평안하다."라고 몇 번이나 말씀하셨습니다. 할머니께서는 구원받은 기쁨을 누리다가 평안하게 소천하셨습니다.

예수님께서는 인류를 대신해 십자가 위에서 고통당하셨으며, 이를 통해 인류의 모든 죄를 대속하셨습니다. 이것이 기독교 신앙의 핵심입니다.

◆◆◆

… 이단 종파에 빠진 사람들은 어떻게 전도해야 할까요?

전도를 하다 보면 하나님의 진리에서 벗어나 잘못된 신앙을 가진 사람들을 만나는 경우가 있습니다. 그들은 대부분 매우 열렬한 신자들이며 그들의 신앙을 선전합니다. 오늘날 우리나라에는 십여 개의 이단·사이비 종파가 그들 나름대로 세력을 형성하고 수단과 방법을 가리지 않고 기성 교회의 성도들을 미혹하고 있습니다. 이들의 특징은 교주를 신격화하고 성서를 자의적으로 해석하거나 비성서적인 주장을 합니다. 또한, 자신들만 구원받는다는 배타적인 구원관을 가지고 있으며 특정한 종말 시기를 주장합니다. 그리고 믿는 자들만을 주로 미혹하고 기성교회를 일방적으로 비방합니다. 그뿐만 아니라 그들은 비윤리적이거나 반사회적인 행위를 합니다. 사단은 주님의 복음에서 빗나간 이런 자들을 통하여 기회만 있으면 하나님의 자녀들을 미혹하려고 합니다.

이런 자들은 언제나 우리가 믿는 진리의 핵심을 흐리게 합니다. 그런 자들은 대부분 하나님의 말씀을 왜곡하거나 잘못 알고 있으므로 우리는 이에 현혹되지 않도록 경계해야 합니다.

"사랑하는 자들아 영을 다 믿지 말고 오직 영들이 하나님께 속하였나 시험하라 많은 거짓 선지자가 세상에 나왔음이니라"(요일 4:1)

이단은 악한 영의 조종을 받을 뿐만 아니라 육체에 속한 일을 하는 자들로서(갈 5:19-20) 그들의 결국은 멸망입니다(벧후 2:1). 사단은 언제나 인간의 정욕을 통하여 역사하는데 이단자들은 복음이 아닌 자기들의 정욕을 좇아 하나님의 말씀을 희롱합니다(벧후 3:3). 그들은 특별히 예수 그리스도에 관한 성경의 가르침을 부인합니다.

성경은 또한 복음과 신앙에서 떠나 미혹의 영을 받은 자들을 권면하고 경고한 뒤에도 회개하지 않을 때에는 멀리 하라고 명하고 있습니다.

"이단에 속한 사람을 한두 번 훈계한 후에 멀리하라 이러한 사람은 네가 아는 바와 같이 부패하여 스스로 정죄한 자로서 죄를 짓느니라"(딛 3:10-11)

"누구든지 이 교훈을 가지지 않고 너희에게 나아가거든 그를 집에 들이지도 말고 인사도 하지 말라 그에게 인사하는 자는 그 악한 일에 참여하는 자임이라"(요이 1:10-11)

이와 더불어 이단에 대한 우리의 자세를 성경은 이렇게 교훈하고 있습니다.

"사랑하는 자들아 너희는 너희의 지극히 거룩한 믿음 위에 자신을 세우며 성령으로 기도하며 하나님의 사랑 안에서 자기를 지키며 영생에 이르도록 우리 주 예수 그리스도의 긍휼을 기다리라 어떤 의심하는 자들을 긍휼히 여기라 또 어떤 자를 불에서 끌어내어 구원하라 또 어떤 자를 그 육체로 더럽힌 옷까지도 미워하되 두려움으로 긍휼히 여기라"(유 1:20-23)

자기를 지키고 이단에 속한 자를 사랑으로 권면한 뒤에는 그 옷이라도 멀리하라는 경고입니다. 이단에 빠진 사람들을 전도하기 위해서는 인내와 친절함과 유순함과 끈기가 있어야 합니다. 하나님의 능력으로 그들을 인도하면서 잘못된 신앙을 바로잡아 주고 하나님의 말씀을 가르쳐야 합니다. 그들과 논쟁을 벌여서는 안 됩니다. 논쟁으로는 하나님의 진리를 전할 수 없습니다. 항상 진실하고 친절하게 대해야 합니다.

그러나 이단들로 하여금 그리스도인의 신앙을 가진 우리를 유혹하거나 멸시하도록 해서는 안 됩니다. 그들을 인도하기 위해서는 더욱 집중된 노력과 더 큰 영적인 능력이 있어야 합니다. 그리고 하나님의 말씀에 대한 풍부한 지식과 성령을 향한 온전한 의뢰가 있어야 합니다.

이단에 빠진 자들을 거짓 가르침에서 벗어나게 한 다음, 우리는 다른 비그리스도인들에게 전도하는 방법대로 그들을 그리스도에게로 인도해야 합니다.

◆◆◆ 확인해 봅시다

1. 전도자는 대화의 초점을 어디에 두어야 합니까?
2. 성경이 하나님의 말씀인 근거는 무엇입니까?
3. 믿음의 대상은 누구입니까?
4. 헌금을 하는 이유는 무엇입니까?
5. 구원의 길은 모든 종교에 있습니까? 기독교에만 있습니까? 그 이유는 무엇입니까?
6. 조상에 대한 제사는 무엇과 같습니까? 성도는 제사를 지내는 대신 무엇을 해야 합니까?
7. 천국과 지옥은 실제로 존재합니까? 그곳에는 누가 가게 됩니까?

◆◆◆ 다음 성구를 기록하고 묵상해 봅시다.

- 행 4:12
- 딤후 3:16
- 갈 6:8
- 히 9:27

전도의 실제 II

반대 의견을 다루는 법

주여, 나를 보내소서

반대 의견 처리방법

전도는 거절당하는 데에서부터 시작된다고 생각해야 합니다. 이러므로 거절당하는 것을 당연한 일로 받아들여야 합니다. 그러므로 전도자는 복음제시를 거절당하거나 반대 의견에 직면하더라도 당황하거나 이상한 일을 당한 것으로 여겨서는 안 됩니다. 어떠한 경우를 당하더라도 슬기롭게 대처하는 방법을 알아두어야 합니다. 전도자는 복음제시를 거부하고 반대 의견을 말하는 사람들의 영혼도 구원해야 할 책임이 있습니다. 이러므로 인내심을 갖고 거절하는 사람의 진의와 사유를 파악하여 이를 유형별로 분류하고 적절히 대응하는 전략이 필요합니다.

반대 의견을 다루는 데에는 일반적인 복음제시의 경우보다 더욱 세심한 배려가 요구됩니다. 복음을 제시하는데 6단계를 거쳤던 것처럼 반대 의견을 다루는 데에도 최소한 4단계로 나누어 대처해야 합니다.

◆◆◆

마음문 열기 단계

전도 대상자는 복음을 거절하더라도 당황하지 말고 침착하고 예의 바르게 대응하여야 합니다. 정면으로 대응하거나 반론을 펴지 말아야 합니다. 일단 상대방의 말을 경청하여 그의 진의를 파악하여야 합니다. 그리고 그의 의견을 겸손하게 수용하고 일단 공감을 표시하는 것이 좋습니다. 전도자도 과거에 전도 대상자의 의견과 비슷한 생각을 하고 있었던 때가 있었음을 말해줌으로써 상대방이 마음의 문을 열도록 유도해야 합니다.

◆◆◆
동기부여 단계

그리고 난 후 지금 전도자가 갖고 있는 의견과 그렇게 생각이 변하게 된 경위를 명료하게 설명해 줌으로써 전도 대상자의 동의를 얻도록 노력해야 합니다. 전도 대상자가 동의하지 않을 경우에도 그의 관심사가 무엇인지 파악하여 적절히 대응함으로써 복음제시의 기회를 만들어야 합니다. 그리고 자신이 체험한 하나님의 축복과 은혜를 간략히 간증함으로써 전도 대상자의 관심을 끌어당겨야 합니다.

◆◆◆
복음제시 단계

복음의 요점을 간결하고 요령 있게 설명해 주어야 합니다. 예화나 간증을 적절히 사용하고 논쟁이나 토론은 가급적 미리 예방해야 합니다. 전도자가 일차적으로 해야 할 일은 복음을 방어하는 일이 아니라 복음을 선포하는 일이기 때문입니다. 인간은 누구나 논쟁을 하게 되면 상대방을 꺾으려는 속성이 있습니다. 논쟁에서는 이기고 복음제시에서 실패하는 룰을 범해서는 안 됩니다.

◆◆◆

결신 단계

복음을 거부하는 사람에게도 온유한 태도와 부드러운 말투를 견지하여 의견의 차이를 좁혀 나가도록 해야 합니다. 전도 대상자가 초점을 흐려 놓고 논쟁케 하려는 것은 사탄의 전략이므로 이를 사전에 예방해야 합니다. 이런 사람들에게 하나님의 말씀을 전하기 위해서는 복음제시를 뒷받침할 수 있는 지식을 갖추어야 합니다. 논리적인 생각과 대답을 준비해 놓아야 합니다. 전도 대상자가 기분 나빠하거나 공격적으로 나오려고 하면 재빨리 상대방을 칭찬해 줌으로써 긴장감을 해소해야 합니다.

반대 질문을 하는 사람 중에는 순수하게 궁금증을 해소

하기 위해 질문하는 사람이 있습니다.

그런 사람에게는 논리적이고 객관적인 증거를 보여주며, 성경에서 말하는 답을 해줌으로써 그 자리에서 결신시키도록 합니다. 그러나 비판을 목적으로 부정적인 질문을 하는 사람에게는 온유한 태도로 기도하면서 최선을 다해 친절하게 대해야 합니다.

하나님을 믿는다는 것은 인간적인 의지나 노력으로 얻어지는 것이 아닙니다.

예수님은 "내 아버지께서 오게 하여 주지 아니하시면 누구든지 내게 올 수 없다"(요 6:65)고 하셨습니다.

그러므로 성령의 도우심 없이는 아무도 하나님을 믿을 수 없습니다. 전도자는 복음을 전할 뿐이고 거두시는 이는 오직 하나님이시라는 것을 명심해야 합니다.

성경에 "믿음은 들음에서 나며 들음은 그리스도의 말씀으로 말미암았느니라"(롬 10:17)고 했습니다.

주님을 영접하는 일은 전적으로 하나님의 은혜이므로 전도자는 전도 대상자를 위해 전하고 기도할 뿐입니다.

전도 대상자가 어떠한 형태의 반대 질문을 하더라도 복음제시에 중점을 두어야 합니다.

반대 질문에 대해 먼저 대답할 것인지, 복음과는 관계가 없는 것이기 때문에 대답을 미룰 것인지, 아니면 대답을 하지 말아야 할 것인지에 대해 슬기롭게 판단해야 합니다.

복음의 본질적인 문제에 대한 반대 질문일 경우에는 가능한 한 빨리 대답해 주어야 합니다.

반대 의견에 적절한 대답을 못했을 경우에라도 당황하거나 부끄러워하지 말고 솔직히 모른다고 인정한 다음 나중에 알아 와서 대답해 주겠다고 약속하면 됩니다.

거절유형별 응대 요령

나는 너무나 죄가 많아 예수를 믿을 수 없다는 유형

이 세상에 죄 없는 사람은 아무도 없으며 예수님은 죄인을 위해 오셨음을 강조해야 합니다.

1. "죄가 많아 믿지 못하겠다"는 사람

지은 죄가 많거나 자격이 없어서 믿을 수 없다고 하시는 분들이 있습니다. 자신이 죄가 많고 부족하여 하나님 앞에 설 수 없다는 사람은 죄책감과 자괴감에 눌려 있기 때문에 이를 먼저 풀어 놓는 것이 중요합니다.

1) "자격이 없어서 영생의 선물을 받을 수 없다"고 하는 경우

전도자 : 세상에 부모님들은 대부분 자신의 자녀들을 사랑합니다. 자식들이 자격이 있기 때문에 사랑하는 것이 아니라 자기 자녀이기 때문에 사랑하는 것입니다. 성경에 하나님을 "영접하는 자 곧 그 이름을 믿는 자들에게는 하나님의 자녀가 되는 권세를 주셨으니 이는 혈통으로나 육정으로나 사람의 뜻으로 나지 아니하고 오직 하나님께로부터 난 자들이니라"(요 1:12-13)고 하셨습니다. 그러므로 누구나 하나님을 믿기만 하면 하나님의 자녀가 됩니다. 자격이 있어서가 아니라 하나님의 자녀가 되었기 때문에 하나님의 사랑을 받을 수 있게 되는 것입니다.

2) "죄를 너무 많이 지어서 교회에 나갈 수 없다"고 하는 경우

전도자 : 인간은 모두 죄인입니다. 세상에 죄를 짓지 않은 사람은 한 사람도 없습니다. 물론 저도 죄를 많이 지었

고 또 앞으로도 짓지 않는다고 장담할 수 없습니다. 그러나 세상을 사는 동안에 죄를 조금 더 짓고 덜 짓는 차이는 있습니다. 그렇기 때문에 우리는 죄의 문제를 스스로 해결할 수 없습니다. 그러나 우리가 우리의 죄를 대속해 주신 예수님을 구주로 믿으면 아무리 큰 죄라고 할지라도 다 용서를 받습니다. 하나님이 우리의 죄 값을 대신 지시기 위해 독생자 예수님을 보내셔서 십자가에서 죽게 하셨기 때문입니다. 우리의 죄가 아무리 크고 무겁더라도 예수님을 믿으면, 우리는 모두 사함 받습니다.

성경에 예수님은 "나는 의인을 부르러 온 것이 아니요 죄인을 부르러 왔노라"(마 9:13)고 하셨고 또 "만일 우리가 우리 죄를 자백하면 그는 미쁘시고 의로우사 우리 죄를 사하시며 우리를 모든 불의에서 깨끗하게 하실 것이요"(요일 1:9)라고 하셨습니다.

2. "노력해서 얻어야지 어떻게 천국을 공짜로 가느냐"고 하는 사람

전도 대상자 : 저는 지금까지 성실하게 살아왔고, 모든 일에는 노력한 만큼의 대가가 주어진다고 생각합니다. 그

래서 천국을 선물로 받는다는 것이 쉽게 받아들여지지 않습니다.

전도자 : 맞습니다. 누구나 선생님처럼 생각 할 수 있습니다. 그렇지만 선생님, 이 세상에서는 우리의 노력 없이 공짜로 누리는 것이 얼마나 많은지 모릅니다. 예를 들어 햇빛이나 공기, 달빛 등 돈으로 살 수 없을 만큼 가장 소중한 것들은 우리가 노력해서 얻는 것이 아니라 공짜로 주어지는 것입니다. 이와 마찬가지로 하나님이 우리에게 천국도 선물로 주신답니다.

성경에 "너희는 그 은혜에 의하여 믿음으로 말미암아 구원을 받았으니 이것은 너희에게서 난 것이 아니요 하나님의 선물이라 행위에서 난 것이 아니니 이는 누구든지 자랑하지 못하게 함이라"(엡 2:8-9)고 하셨답니다.

전도 대상자 : 그렇다면 좋은 일이라고는 하나도 하지 않은 죄인도 천국에 갈 수 있습니까?

전도자 : 성경에 보면 예수님이 십자가에 달리실 때 예

수님 옆에서 같이 십자가에 달린 한 강도의 이야기가 나옵니다. 그 사람은 죄를 지어 사형 집행을 당했지만, 구원을 얻었습니다. 그 강도는 예수님을 십자가 위에서 영접하자마자 바로 사형을 당했기 때문에 아무런 착한 일이나 선한 행동을 할 시간이 없었습니다. 그러나 예수님은 그에게 오늘 네가 나와 함께 낙원에 있으리라고 말씀해주셨습니다. 이 이야기로 미루어 볼 때 구원은 행위에 의한 것이 아니고, 오직 믿음으로 말미암아 얻는 것이라는 것을 알 수 있습니다. 그러나 우리 믿는 사람들이 하나님의 말씀대로 바르게 살고자 노력하는 것은 구원을 받기 위해서라 아니라 받은 구원의 은혜에 감격하고 감사해서 하나님을 기쁘게 해드리고자 노력하는 것입니다. 성경에 '너희가 마음으로 믿어 의에 이르고, 입으로 시인하여 구원에 이르다'고 하셨고, '진실로 진실로 너희에게 이르노니 믿는 자는 영생을 가졌나니'라고 하셨습니다.

◆◆◆
나는 종교가 필요 없다는 유형

 인간의 한계성의 실례를 들어 설명해 줌으로써 예수님을 구주로 영접하도록 유도합니다.

1. "하나님이 어디에 있습니까"라고 하는 사람

 전도를 하다 보면 하나님이 어디 있느냐면서 하나님의 존재를 부인하는 사람이 있습니다. 이런 사람에게 '하나님께서 이 세상을 창조하시고 인간을 만드셨다.'라고 하면 그것은 예수쟁이들이나 하는 소리라고 말하는 사람도 있습니다. 그러면서 하나님을 보여 주면 믿겠다고 하는 사람도 있고 하나님을 믿느니 차라리 나의 주먹을 믿겠다고 하는 사람도 있습니다. 이런 경우 자아가 강한 사람이거나 마음속에 불신이 가득 찬 사람일 경우가 많습니다. 그런 사람에게는 자신의 한계를 인식하도록 대화를 이끌어 가는 것이 좋습니다.

전도자 : 그렇게 자신 있게 말씀하시는 선생님이 부럽습니다. 그만큼 자기 자신에게 충실한 삶을 살아오셔서 그렇게 말씀하실 수 있겠지요. 그러나 선생님도 모든 것을 다 알고 계시다고 말씀하실 수는 없겠지요.

전도 대상자 : 물론이지요.

전도자 : 우리가 어머니 뱃속에 있을 때에는 어머니를 볼 수도 없고 어머니의 존재도 알지 못했겠지요. 그렇다고 해서 어머니의 존재를 부인할 수 없잖아요. 또한, 공기는 보이지 않지만 우리는 날마다 공기로 호흡하고 있잖아요. 하나님은 보이지 않지만 이 거대한 우주가 질서 정연하게 돌아가는 것을 보면 우주를 창조하신 하나님이 계시다는 것을 알 수 있지 않을까요. 우리가 겸손하게 자신을 돌아보면 인간이 얼마나 미약하고 보잘것없는 존재인지 깨달을 수 있습니다. 우리는 하찮은 나무 한 그루, 풀 한 포기조차도 만들어 낼 수 없습니다. 성경에 "집마다 지은 이가 있으니 만물을 지으신 이는 하나님이시라"(히 3:4)고 하셨습니다.

아무도 하나님을 다 이해하고 믿는 사람은 없습니다. 믿고 나면 자연히 하나님의 존재를 알 수 있습니다.

2. "교회가 체질에 맞지 않는다"는 사람

교회에 다니는 것이 체질적으로 맞지 않는다고 하는 사람들이 있습니다. 대개 유교적인 가정이나 불교적인 가정에서 자란 사람들이 이런 말을 합니다. 기독교가 주로 서구적인 색채를 띠고 있는 관계로 점잖고 감정을 잘 드러내지 않는 한국인에게는 다소 어색하게 느껴지는 점도 있을 것입니다.

전도자 : 저도 선생님처럼 교회에 다니는 것이 어색하고 체질에 맞지 않아 우스꽝스러운 짓을 많이 했습니다. 저도 유교적인 전통이 강한 집안에서 자랐거든요. 그러나 교회에 다니다 보니 차츰 어색함이 사라지고 아주 기쁘게 신앙생활을 하게 되더군요. 그리스도의 복음은 이처럼 모든 것을 변화시키는 능력이 있습니다. 성경에 "그런즉 누구든지 그리스도 안에 있으면 새로운 피조물이라 이전 것은 지나갔으니 보라 새것이 되었도다"(고후 5:17)라는 말씀이 있습니다.

3. "죽으면 그만이지 천국과 지옥이 어디 있느냐?"고 하는 사람

인간은 누구나 다 죽기 마련입니다. 그런데 죽으면 그만이라는 사람들이 있습니다. 천당이니 지옥이니 하는 것은 사람들이 만들어낸 이야기로 착하게 살라는 뜻이지, 그런 것이 어디 있느냐고 하는 사람들이 있습니다. 이런 유형의 사람들은 내세에 대해 무관심하거나, 막연한 두려움을 갖고 있거나 내세에 대해 희망을 품고 있으면서도 짐짓 그렇게 말해보는 유형으로 구분할 수 있습니다. 그러므로 전도자는 전도 대상자가 말하는 어감에 따라 질문의 형태를 진단할 수 있어야 하며, 이에 적절히 대응해야 합니다.

전도자 : 선생님이 성경을 읽어 보지 않으셨기 때문에 천국과 지옥에 대해 그렇게 말씀하시는 것이 당연합니다. 그러나 그런 말씀을 하시는 것을 보니 내세에 관해 관심이 있기는 있으시는군요. 많은 사람이 처음에는 선생님과 같은 의문을 품게 되는데 복음의 말씀을 듣고 믿음을 갖게 되면 저절로 의문이 풀리게 됩니다.

전도 대상자 : 죽어 보지도 않았는데 사후세계를 어떻게 알 수 있어요?

전도자 : 선생님은 세계 여러 나라를 다 가보시지는 않으셨겠지요. 그러나 우리가 가보지 않았더라도 북극과 남극이 얼음으로 덮여 있고 아프리카에 정글이 우거져 있다는 사실은 알고 믿고 있지 않습니까. 천국과 지옥을 직접 눈으로 확인해 보지 않았지만, 성경을 통해 천국이 있다는 사실을 알 수 있습니다. 천국과 지옥은 세상을 살아가는 동안에 착하게 살아가라고 꾸며낸 이야기가 아니에요. 천국과 지옥은 실제로 존재하며, 우리는 그 두 곳 중 어느 한 곳으로는 반드시 가야 하는 운명이지요. 성경에 "만일 그리스도 안에서 우리가 바라는 것이 다만 이 세상의 삶뿐이면 모든 사람 가운데 우리가 더욱 불쌍한 자이리라"(고전 15:19)고 했습니다. 천국은 반드시 있어요. 그 천국은 주 예수를 믿고 그분을 영접하는 자만이 들어가 영생을 누리는 곳이랍니다.

4. "죽은 후에 심판이 있다고 하는데 그런 것이 있느냐"고 묻는 사람

전도자 : 죽은 후에 심판이 있느냐는 물음에 대해 선생님처럼 의문을 갖고 계신 분들이 뜻밖에 많습니다. 이 세상에 있는 모든 물건은 다 만든 사람이 있잖아요. 우주 만물은 하나님이 만드셨어요. 그리고 우주 만물이 질서 정연하게 움직이도록 하나님이 질서를 세우셨다고 성경에 기록되어 있어요. 자동차를 운전하려면 교통법규를 지켜야 하고 그것을 위반했을 경우, 그에 따른 대가를 교통법규에 기록된 대로 치르게 되지 않겠어요. 그런데 하나님이 창조하신 피조물인 인간이 하나님이 기록해 놓으신 성경 말씀에 순종하지 않았을 경우에는 그 대가를 본인에게 물으신다고 그러셨어요. 그러므로 죽으면 그것으로 끝나는 것이 아니라 반드시 심판이 있답니다. 성경에 "한번 죽는 것은 사람에게 정하신 것이요 그 후에는 심판이 있으리니"(히 9:27)라는 말씀이 있어요. 그러나 감사하게도 이 심판을 면하는 길이 성경에 제시되어 있지요. "죄의 삯은 사망이요 하나님의 은사는 그리스도 예수 주 안에 있는 영생이니라"(롬 6:23)고 하셨어요. 그럼 제가 어떻게 영생을 얻게 되었는지 말씀

드려도 될까요?

승락을 얻은 후 복음제시를 합니다.

5 "예수를 믿지 않더라도 선하게 살면 천국에 갈 수 있지 않습니까?"라고 하는 사람

어려운 일을 당하거나 고난을 겪는 사람만이 예수를 믿는 것처럼 생각하는 사람들이 있습니다. 자신은 모든 것을 갖추고 성실하게 살고 있으니까 신앙이 필요없다고 생각하고 있는 것입니다. 그들은 그들이 가진 것을 의지하고 살아갑니다.

전도자 : 선생님은 세상을 바르게 사시고 인격도 훌륭하시므로 그렇게 말씀하실 수 있습니다. 그러나 아무리 인격이 훌륭하고 착하게 산다고 해도 인간의 구원 문제를 해결할 수는 없습니다. 성실하게 노력해서 일한 만큼 벌어 착하게 사는 것도 중요합니다. 그러나 그것은 이 세상에 사는 동안에만 칭찬받을 만한 일이지요. 선하게 사는 것은 상받을 일이지만 그것이 곧 구원의 자격은 아닙니다. 우리는

오직 예수님을 구주로 믿을 때에만 구원을 얻을 수 있습니다. 성경에 "다른 이로써는 구원을 받을 수 없나니 천하 사람 중에 구원을 받을 만한 다른 이름을 우리에게 주신 일이 없음이라"(행 4:12)고 하셨습니다.

전도 대상자 : 뭐 저도 그렇게 인격이 훌륭하거나 완벽한 사람은 아니에요. 그러나 큰 죄는 짓지 않고 살았다고 자부합니다.

전도자 : 그렇게 자신 있게 말씀하시는 것 보니 정말 훌륭하십니다. 사실 저도 한때 착하고 선하게 살았으며 남에게 해 끼치지 않고 살았다고 자부해 왔어요. 그러나 세상에 완전한 사람이 어디 있겠습니까? 크고 작은 차이는 있겠지만, 누구나 세상을 살면서 죄를 짓게 마련이지요. 만약 우리의 생각이나 행동을 모두 찍어 대형 스크린으로 대중 앞에 방영한다면 참아 눈뜨고 보기 어려울 거예요. 성경에 "사람의 마음에서 나오는 것은 악한 생각 곧 음란과 도둑질과 살인과 간음과 탐욕과 악독과 속임과 음탕과 질투와 비방과 교만과 우매함이니 이 모든 악한 것이 다 속에서

나와서 사람을 더럽게 하느니라"(막 7:20-23)고 하셨어요. 또 "기록된 바 의인은 없나니 하나도 없으며 깨닫는 자도 없고 하나님을 찾는 자도 없고 다 치우쳐 함께 무익하게 되고 선을 행하는 자는 없나니 하나도 없도다"(롬 3:10-12)라고 하셨답니다.

전도 대상자 : 그럼 꼭 교회를 나가야만 구원을 받을 수 있다는 말인가요?

전도자 : 꼭 교회를 나와야만 구원을 얻는 것은 아니겠지요. 그러나 장작불도 모아 놓을 때 더 잘 타는 것처럼 또 학생이 학교에 모여 함께 공부하는 것이 더 효과적인 것처럼 교회에 다니는 것이 신앙생활을 하는데 매우 중요합니다. 성경은 "우리 많은 사람이 그리스도 안에서 한 몸이 되어 서로 지체가 되었느니라"(롬 12:5)고 말씀하고 있어요. 우리 몸이 팔, 다리 등이 모여 한 몸을 이루는 것처럼 교회는 모든 지체가 모여 유기적인 관계를 갖고 있어요. 우리 몸에 지체가 분리되면 생명을 잃는 것처럼 우리가 교회에서 분리되면 영적인 생명을 잃어버리기 쉽습니다.

6. "술, 담배도 안하고 무슨 재미로 세상을 사느냐?"고 하는 사람

삶의 허무함을 술과 담배, 세상의 재미를 통해서 자신을 위로하며 사는 사람들이 있습니다. 이러한 사람들에게 전도를 하게 되면 기독교는 주초를 금하는 종교임을 알고 이에 관해 부담을 느끼며 예수 믿기를 거부하는 경우가 많습니다. 전도자는 이러한 사람들의 마음에 상처나 부담을 주지 말고 교회로 인도해 올 수 있는 지혜가 있어야 합니다.

전도 대상자 : 교회는 술도 안 된다. 담배도 끊어라. 그럼 도대체 무슨 재미로 삽니까?

전도자 : 아! 술, 담배가 문제이시군요. 저도 한때는 그랬습니다. 저희 아버님도 교회에 나오시지만, 아직 술과 담배를 끊지 못하고 계십니다. 술, 담배를 끊는다는 것이 그렇게 쉬운 일이 아니라는 것을 저도 잘 알아요. 그러니 선생님, 처음부터 술, 담배를 끊으려고 하지 마세요. 그냥 열심히 신앙생활 해 보세요. 그러다 보면 자연히 술, 담배가 멀어질 거예요.

전도 대상자 : 기독교에서는 왜 그 좋은 술, 담배를 끊으라고 하나요?

전도자 : 예. 저희 기독교인들이 술, 담배를 하지 않는 이유는 우리의 몸이 하나님의 거룩한 성전이라서 소중히 아끼고 관리할 책임이 있기 때문입니다. 건강에도 좋지 않고요. 또 성경에 보면 술 취하지 말라 이는 방탕한 것이니 오직 성령으로 충만함을 받으라(엡 5:18)고 말씀하고 있어요. 선생님은 술, 담배도 안 하고 무슨 재미로 사느냐고 하시지만 예수 믿는 사람들에게는 이보다 더 큰 예수 믿는 재미가 있답니다.

성경에 "너희 모든 목마른 자들아 물로 나아오라 돈 없는 자도 오라 너희는 와서 사 먹되 돈 없이, 값 없이 와서 포도주와 젖을 사라 너희가 어찌하여 양식이 아닌 것을 위하여 은을 달아 주며 배부르게 하지 못할 것을 위하여 수고하느냐"(사 55:1-2)고 하셨고 또 "이 세상이나 세상에 있는 것들을 사랑하지 말라 누구든지 세상을 사랑하면 아버지의 사랑이 그 안에 있지 아니하니 이는 세상에 있는 모든 것이 육신의 정욕과 안목의 정욕과 이생의 자랑이니 다 아버지께로부터 온 것이 아니요 세상으로부터 온 것이라"(요일 2:15-16)고 하셨습니다.

7. "예수님의 동정녀 탄생과 부활을 믿을 수 없다"는 사람

전도 대상자 : 예수님의 동정녀 탄생과 부활은 이성적으로는 도저히 믿을 수가 없어요. 만들어 낸 이야기가 아닐까요?

전도자 : 선생님, 참으로 좋으신 질문하셨습니다. 그리고 어려운 질문이기도 하고요. 예수님의 동정녀 탄생과 부활은 기독교에서 가장 중요한 진리입니다. 만일 기독교에 예수님의 동정녀 탄생과 부활이 없다면, 예수님의 가르침과 십자가의 죽음은 우리의 구원에 무가치한 것이 되고 맙니다. 이를 믿으면 기독교의 모든 진리가 세워질 수 있지만 믿지 않으면 무너질 수밖에 없습니다. 세상에는 석가모니, 공자, 마호메트 같은 종교의 창시자가 있습니다. 그들은 모두 사람으로 태어나 살다가 무덤에 장사되었습니다. 그래서 인도에는 석가모니의 무덤이 있고, 중국에는 공자의 무

덤이 있고, 중동에 마호메트의 무덤이 있습니다. 그러나 동정녀의 몸에서 하나님의 아들로 태어나신 예수님의 무덤은 없습니다. 예수님은 선사시대가 아닌 로마의 문명시대에 부활하셔서 제자들에게 나타나셨고 일시에 500명에게 보이셨고, 여러 사람이 보는 앞에서 승천하기 전 40일 동안 세상에 계셨습니다. 선생님, 많은 사람이 예수님을 믿는 결정적인 이유는 바로 성경의 예언과 성취 때문이랍니다. 예수님과 함께 생활하고 부활하신 것을 목격한 제자들이 모두 순교했는데 만일 그것이 사실이 아니라면 왜 그들이 다 순교까지 했겠습니까? 허무맹랑한 신화를 위해 자신의 목숨을 내놓는 사람은 없습니다. 심리학에서는 진리가 아닌 전설을 위해 목숨을 바치는 사람은 없다고 해요.

성경에 승천하시는 예수님을 바라보고 있는 제자들에게 천사가 "갈릴리 사람들아 어찌하여 서서 하늘을 쳐다보느냐 너희 가운데서 하늘로 올려지신 이 예수는 하늘로 가심을 본 그대로 오시리라"(행 1:11)고 하였답니다.

8. "진화론을 믿는다"고 하는 사람

우리나라 사람은 대부분 학교 교육을 통해 진화론이 과학적이라는 뿌리 깊은 고정관념을 갖고 있습니다. 이러므로 진화론을 믿는 사람에게는 과학적 증거를 통해 하나님의 창조질서와 섭리를 분명하게 설명해 주어야 합니다.

전도자 : 그렇게 말씀하시는 선생님이 이해가 됩니다. 우리 모두 학교에서 교과서를 통해 그렇게 배웠잖아요. 그러면 제가 성경에서 말하는 창조론을 증명하는 과학적인 근거를 말씀드려도 될까요?

진화론은 최초의 생명이 존재하였고 그것이 주어진 환경에 맞도록 점차 진화했다는 다윈의 통찰에 따릅니다. 반면 창조론은 성경에서 하나님이 창조하셨다는 말씀대로 생명은 처음부터 지금의 모습 그대로 하나님에 의해 완성되었다는 이론입니다. 언뜻 보기에 진화론이 과학적이고 합리적인 것처럼 보입니다. 그러나 진화론의 치명적인 결함은 진화의 시발점이 되는 최초의 생명체가 어떻게 해서 생겼는지에 대한 설명을 하지 못한다는 점입니다.

또한, 1953년에 '왓슨 크릭'이라는 과학자가 DNA를 발견하면서 창조론이 과학적으로 증명되었어요. 사람의 염색체에는 23쌍의 DNA가 있고 원숭이의 염색체에는 24쌍의 DNA가 있데요. 원숭이가 사람으로 진화하려면 DNA가 바뀌어야 하는데 DNA는 바뀔 수 없다는 것이 입증되었답니다. 그러므로 사람이 원숭이로부터 진화된 것이 아니라는 사실이 증명된 셈이죠.

과학의 발달로 오늘날 생명체의 복제도 가능해졌어요. 모든 생명체는 각기 다른 DNA를 갖고 있기 때문에 양은 양을, 돼지는 돼지를, 원숭이는 원숭이로 복제할 수 있답니다.

이러한 사실을 미루어볼 때 진화론보다 창조론이 훨씬 과학적임을 알 수 있어요.

9. "성경에 사람이 900살 이상 살았다는 기록을 믿지 못 하겠다"는 사람

전도대상자 : 어떻게 사람이 900살까지 살 수 있나요? 성경에서 거짓말하고 있는 것이 아닌가요?

전도자 : 그런 말씀을 하시는 것을 보니 선생님도 성경을 읽어보셨군요?

저도 처음에는 사람이 어떻게 그리 오래 살 수 있었을까 하고 의문스러웠어요. 그런데 과학을 통해 입증된 사실을 보고 확신을 갖게 되었어요. 그러면 제가 알고 있는 과학적인 증거에 대해 말씀드려도 될까요?

성경에 보면 하나님이 처음 만드신 세상에는 지구를 보호해 주는 하늘 위의 물이 있어서 오존층과 같이 지구를 보호하는 막을 형성하고 있었다고 해요. 이는 자외선같이 인간을 늙게 하고 병들게 하는 해로운 광선을 차단해주는 역할을 했던 것 같아요. 그러나 노아의 홍수 때 이 보호막이 파괴되어 점차 인간의 수명이 짧아지게 된 것이라고 해요. 그래서 노아의 홍수전에는 900살 이상 살던 인간이 노아의 홍수 이후에는 급격히 수명이 짧아졌고 그 후로도 점차 짧아져 아브라함은 175세, 모세는 120세, 다윗왕은 70세까지 살았다고 기록되어 있어요.

결국, 하늘 위의 물이 인간의 죄로 인해 사라져 버리고 그로 인해 수명이 짧아진 것이라고 봐요.

◆◆◆
종교를 바꾸어 잘못되면 어떻게 하나 염려하는 형

 기독교만이 참 진리임을 설명해주고 자신이 믿게 된 경위나 간증을 간략히 설명해 줌으로 불안감을 해소해 주어야 합니다.

1. "종교를 바꾸면 집안에 우환이 찾아오지 않을까" 염려하는 경우

 전도자 : 네, 그렇게들 말하고 염려하는 사람들이 많다는 것을 알고 있습니다. 저도 예수 믿기 전에는 이사 가는 것이나 장 담그는 것까지 날을 잡아서 하곤 했어요. 귀신이 해코지 할까 봐 무서워서 그렇게 했었지요. 그러나 예수를 믿고 난 후에는 무서울 것이 없게 되었어요.

 왜냐하면, 천지 만물을 창조하시고 전지전능하신 하나님의 자녀가 되었기 때문이지요. 만왕의 왕이시오, 만주의 주가 되시는 하나님을 모시고 사는데 무슨 우환이나 걱정거리가 있겠어요.

성경에 "믿는 자들에게는 이런 표적이 따르리니 곧 그들이 내 이름으로 귀신을 쫓아내며 새 방언을 말하며 뱀을 집어올리며 무슨 독을 마실지라도 해를 받지 아니하며 병든 사람에게 손을 얹은즉 나으리라"(막 16:17-18)고 하셨답니다.

2. "삼재 또는 아홉수에 걸려 조심스럽다"는 사람

전도 대상자 : 어디 가서 물어보니까 제가 올해 삼재와 아홉수에 걸렸으니 조심하라고 하더군요. 이 기간을 잘 넘기지 않으면 액운이 닥친대요.

전도자: 아, 그러시군요. 참으로 걱정이 되겠네요. 저도 예수 믿기 전에 그런 것에 메여 살았답니다. 저주를 받을까 봐 외출하는 것조차 조심스러웠지요. 그런데 지금은 그런 것에 조금도 구애받지 않아요. 제가 어떻게 해서 그렇게 되었는지 알려드려도 되겠어요?

전도 대상자 : 네. 정말 그렇다면 알려주세요.

전도자 : 저를 그런 저주에서 건져주신 분은 예수님이세요. 성경에 예수님이 우리의 저주를 대신 짊어지고 십자가에 못 박혀 돌아가셨다고 하셨고 또 "영접하는 자 곧 그 이름을 믿는 자들에게는 하나님의 자녀가 되는 권세를 주셨으니"(요 1:12)라고 하셨어요. 그러므로 예수를 믿어 하나님의 자녀가 된 사람은 그런 미신 때문에 두려워할 필요가 없어요.

선생님도 예수님을 믿어 하나님의 자녀가 되면 귀신을 물리칠 수 있는 권세를 갖게 되므로 그런 두려움에서 해방될 수 있을 거예요.

3. "종교는 다 같은 것 아니냐 꼭 예수만 믿어야 구원을 받느냐"고 반문하는 사람

예수를 믿으라고 하면 "어느 종교나 다 똑같은 것이 아닙니까? 그런데 왜 기독교만 야단이죠?"라고 말하는 사람이 있습니다. 이런 유형의 사람은 종교성이 깊은 사람은 아닙니다. 이들은 자신의 교양과 취미에 맞추어 종교를 선택하여 문화인답게 살기를 원하는 사람일 경우가 많습니다.

전도자 : 세상의 많은 종교는 하나같이 착하게 살라고 권면하고 있지요. 이 때문에 저도 기독교의 진리를 몰랐을 때는 선생님과 같은 생각을 했었습니다. 모두 착하게 살라고 하니까 사람들이 종교는 같다고 생각하기 쉽습니다. 세상에 많은 종교가 있지만, 인간이 구원받을 수 있는 참된 길을 제시하고 있는 종교는 오직 기독교밖에 없습니다. 무엇보다도 죄의 문제를 해결하는 데에 큰 차이가 있습니다. 다른 종교는 자신이 지은 죄를 고행과 수행을 통해 스스로 해결해야만 합니다. 그러나 기독교에서는 우리의 힘으로는 아무리 노력해도 죄의 문제를 해결할 수 없다는 인간의 한계를 인정합니다. 그러므로 하나님이 예수님을 보내주셨고 예수님이 우리의 죄를 대신 청산해 주셨다는 점이 크게 다릅니다. 예수님이 우리가 지은 죄를 대신 지시고 십자가에 달려 돌아가시므로 우리를 구원해 주셨다는 사실을 믿습니다. 그러므로 기독교의 구원은 오직 예수 그리스도를 믿는 믿음에 의해서만 가능합니다. 성경은 이에 대해서 너무도 분명하게 선언하고 있습니다.

"다른 이로써는 구원을 받을 수 없나니 천하 사람 중에 구원을 받을 만한 다른 이름을 우리에게 주신 일이 없음이라"(행 4:12)고 하셨고, "예수께서 이르시되 내가 곧 길이요 진리요 생명이니 나로 말미암지 않고는 아버지께로 올 자가 없느니라"(요 14:6)고 하셨습니다.

세상에 많은 종교가 있지만 우리를 구원으로 이끄는 참된 길을 제시하는 종교는 유일하신 하나님과 그의 보내신 자 예수 그리스도를 믿는 기독교뿐입니다. 세상에 훌륭하고 존경할만한 분이 많지만, 친아버지는 오직 한 분뿐이라는 사실과 같습니다. 친아버지가 한 분뿐이라는 주장과 같이 진리는 오직 기독교뿐이라고 주장한다고 해서 독선적이라고 할 수는 없지 않겠습니까.

4. "조상 제사 때문에 믿지 못하겠다"는 사람

조상에 대한 제사를 지내야 하기 때문에 교회에 나갈 수 없다고 하는 사람들이 있습니다.

제사 문제가 처음 믿으려고 하는 사람에게 심각한 걸림돌이 될 수도 있습니다. 또한, 복음을 거부하려는 방편이 될 수도 있습니다.

전도 대상자 : 예수님을 믿고 난 후 제사를 지내지 않아 집안 분위기가 좋지 않은 경우를 많이 보았습니다. 기독교인들은 왜 우리 고유의 전통인 제사를 지내지 않으려고 하지요? 부모님께 불효하는 것 아닌가요?

전도자 : 네, 저도 제사 문제로 어려움을 겪고 있는 분들을 알고 있습니다. 즐거운 명절 때마다 제사 문제로 인해 가족들 사이에 불화를 겪는 것은 참 안 된 일이지요. 그런데 사실 이 문제는 서로 간의 이해부족에서 생기는 문제일 뿐입니다. 기독교는 부모님을 공경하라고 강조하고 있으며 이것이 약속 있는 첫 계명이기도 합니다.

성경에도 "자녀들아 주 안에서 너희 부모를 순종하라 이것이 옳으니라 네 아버지와 어머니를 공경하라 이것은 약속이 있는 첫 계명이니 이로써 네가 잘되고 땅에서 장수하리라"(엡 6:1-3)고 하셨거든요.

제사를 지내는 사람들은 제삿날 죽은 사람의 영혼이 찾아온다고 생각하고 만약 제사를 지내 주지 않으면 그 영혼이 배가 고파 허공에서 맴돈다고 생각하는 것 같습니다.

그런데 절대로 그렇지 않습니다. 조상을 생각하고 은혜

를 잊지 않으려 하는 것은 좋은 일이지요. 그러나 음식이나 사진을 차려 놓고 절하는 것은 일종의 우상 숭배요 부질없는 일입니다. 찾아오지도 않을 영혼에 음식을 차려놓고 꾸벅꾸벅 절하기보다는, 고인의 기일이나 명절에 친지들이 함께 모여 고인의 은혜와 업적을 기리고 형제간의 우애를 다지며 후손들을 위해 기도하는 것이 훨씬 의의가 있지 않을까요? 형식이 다를 뿐이지 가족이 모여 추모예배를 드린 후, 음식을 나누어 먹는 것은 마찬가지입니다. 사실 제사는 중국 왕가의 풍습이지, 우리 민족 전래의 풍습은 아니랍니다. 조선 정종 시절에 우리나라에 들어와서 왕가의 풍습으로 지내던 것을 유교의 덕행 교육으로 국민에게 장려했다고 하더군요. 이것이 민가에 퍼지게 되어 지금까지 내려온 것이라고 합니다. 성경에 "대저 이방인의 제사하는 것은 귀신에게 하는 것이요 하나님께 제사하는 것이 아니니 나는 너희가 귀신과 교제하는 자 되기를 원치 아니하노라"(고전 10:20)고 말씀하고 있답니다.

5. "믿음이 커야만 천국에 갈 수 있느냐"고 묻는 사람

전도 대상자 : 저는 믿음이 적어서 천국 갈 확신이 없어요.

전도자 : 만일 선생님에게 자녀가 여러 명이 있다고 가정해 볼게요. 그 자녀들 가운데는 말을 더 잘 듣는 아이도 있고 덜 듣는 아이도 있을 거예요. 그렇지만 둘 다 선생님이 사랑하는 자녀임은 틀림없지요? 천국행도 이와 마찬가지입니다. 분명한 것은 하나님은 모든 사람이 다 천국에 가기를 원하신다는 것이지요. 그래서 창세로부터 우리를 위해 예비해 둔 천국으로 모든 사람을 초청하고 계셔요. 그래서 성경에 믿음이 크든, 적든 예수님을 믿기만 하면 하나님의 자녀가 되는 권세가 주어진다고 말씀하고 있어요. 성경에 "영접하는 자 곧 그 이름을 믿는 자들에게는 하나님의 자녀가 되는 권세를 주셨으니 이는 혈통으로나 육정으로나 사람의 뜻으로 나지 아니하고 오직 하나님께로부터 난 자들이니라"(요 1:12-13)고 하셨답니다.

◆◆◆
교회나 예수 믿는 사람들이
더 문제가 많더라는 비판형

잘못된 점은 솔직히 시인하고 기독교는 하나님을 믿는 것이지 사람을 보고 믿는 것이 아님을 설명해 주어야 합니다. 또 기독교인 중에 훌륭한 사람이 많이 있음을 설명합니다.

1. "왜 그리스도인들이 도덕적으로 문제가 많으며 목사와 장로가 밤낮 싸우니 교인들이 더 위선적이다"라고 하는 사람

교회와 교인들의 덕스럽지 못한 모습은 많은 전도 대상자들로 하여금 복음을 들을 기회를 상실케 하고 있습니다. 이와 같은 경우 전도 대상자가 부정적인 사고를 하고 있기 때문에 이에 먼저 공감해 주어야 합니다.

전도자 : 선생님 말씀을 듣고 보니 믿음생활을 하는 한 사람으로서 참으로 부끄럽습니다. 선생님, 저도 한때 선

생님과 같은 생각으로 고민했던 적이 있어요. 교회라고 해서 모두 착하고 온전한 사람들만 모이는 것은 아니에요. 이 세상에 흠 없는 사람이 어디 있겠어요? 물론, 저도 그렇습니다. 사실 우리는 자기 자신도 모르게 많은 죄를 짓는 것 같아요. 아무리 예수를 잘 믿는 사람이라 할지라도 얼마든지 잘못을 저지를 수 있습니다. 그래도 예수님을 믿는 사람들은 그나마 죄를 짓지 않으려고 노력하는 것만은 사실입니다. 하나님이 죄를 가장 미워하시기 때문이지요. 그런데도 교인들이 더 위선적인 것처럼 느껴지는 것은 그래서는 안 될 사람들이 위선적이다 보면 그 행동이 더 두드러져 보이기 때문일 거예요. 하지만 중요한 것은 우리가 믿는 것은 사람을 보고 믿는 것이 아니라 하나님을 믿는다는 것이지요. 어떤 교인이 위선적이든 아니든 상관할 바 없이 신실하신 하나님을 믿으면 되는 것이지요. 교인들 때문에 하나님을 믿지 않으면 결국 본인만 손해가 아닐까요?

성경에 "믿음의 주요 또 온전하게 하시는 이인 예수를 바라보자 그는 그 앞에 있는 기쁨을 위하여 십자가를 참으사 부끄러움을 개의치 아니하시더니 하나님 보좌 우편에 앉으셨느니라"(히 12:2)고 하셨답니다.

2. "교인들이 더 못 살고 병 때문에 고통당하더라"고 하는 사람

"교회에 나가면 잘살게 되고 병도 고침 받는다고 하는데, 내가 보기에는 못사는 교인들도 많고 병들어 죽는 교인들도 많더라."고 하며 비방하는 사람들이 있습니다. 교인이라고 해서 다 잘살지는 못합니다.

이런 유형의 사람은 비판적이고 믿음에 대한 회의가 있는 사람입니다. 그리스도인이 겪는 고난이 바로 하나님의 사랑과 축복의 또 다른 형태임을 모르는 사람들입니다.

전도 대상자 : 왜 예수님 믿는 사람들이 어려움을 겪는지 모르겠어요. 그러면 누가 예수님을 믿고 싶겠어요?

전도자 : 세상을 살면서 우리가 어려움을 겪지 않고 살 수만 있다면 얼마나 좋을까요. 그런데 우리는 피할 수 없는 고난이라는 관문을 지날 때가 종종 있어요. 또 병으로

고통당하는 사람도 있지요. 인생을 평가 하는데 있어서 그가 가진 재물의 양이나 지위, 명예가 그 수단이 될 수는 없습니다. 진실로 성공적인 삶이란, 하나님 보시기에 합당하고 아름다운 삶이라고 할 수 있답니다. 따라서 하나님을 믿으면 하나님이 기뻐하시는 삶을 살려고 노력하기 때문에 성공적인 인생을 살 수 있습니다. 물질적으로 교인이 더 못 살 수도 있을지 모르지만 진정한 그리스도인은 삶 자체를 참되게 살려고 노력하는 것입니다. 참된 그리스도인들은 하나님이 주시는 것에 자족하는 삶을 사는 사람들이기 때문에 물질의 많고 적음은 큰 문제가 되지 않아요.

사도 바울은 이에 대해 "내가 궁핍하므로 말하는 것이 아니니라 어떠한 형편에든지 내가 자족하기를 배웠노니 나는 비천에 처할 줄도 알고 풍부에 처할 줄도 알아 모든 일에 배부름과 배고픔과 풍부와 궁핍에도 일체의 비결을 배웠노라"(빌 4:11-12)고 고백하고 있어요.

전도 대상자 : 예수를 믿으면 병도 고칠 수 있다는데 왜 믿는 사람이 병에 걸립니까?

전도자 : 질병의 문제도 그렇습니다. 하나님을 믿는다

고 해서 병에 절대 안 걸린다고 할 수는 없습니다. 그러나 하나님은 하나님의 뜻을 따라 병에 안 걸리게도 하시며 낫게도 하십니다. 실제로 하나님을 믿고 병이 나은 사람이 얼마나 많은지 몰라요. 하나님은 때때로 하나님의 일을 위해, 또는 특별한 목적을 위해 사랑하는 성도들에게 경제적으로, 신체적으로 고통을 주시고 이를 통해 연단시키십니다. 이는 학교에서 학생들의 실력을 높이기 위해 여러 가지 시험을 치는 것과 같다고나 할까요. 또 자식이 잘되라고 부모님이 매를 드는 것과도 같아요. 하나님은 그 사랑하는 자녀를 징계하시기도 하십니다.

성경에 "주께서 그 사랑하시는 자를 징계하시고 그가 받아들이시는 아들마다 채찍질하심이라"(히 12:6)라고 하셨어요.

우리가 징계를 받은 후에는 의의 평강한 열매를 맺게 된다고 성경은 분명하게 말하고 있어요. 수많은 병자를 고쳤던 사도 바울도 평생 병에 걸려 있었습니다. 이를 통해 믿는 사람들도 고난을 겪게 하시는 하나님의 뜻을 깨달을 수 있지요.

3. "기독교에는 왜 그렇게 교파가 많으냐"고 묻는 사람

가톨릭은 하나인데 기독교는 왜 그렇게 교파가 많으냐고 묻는 사람 가운데는 기독교에 대한 비판적인 인식이 깔린 경우가 많습니다. 이러므로 솔직하고 구체적인 답변이 요구됩니다.

전도자 : 선생님은 기독교에 관해 관심과 지식이 참 많으시네요. 맞아요. 선생님이 알고 계시듯이 기독교는 여러 교파가 있답니다.

종교개혁을 한 칼빈의 신학 사상에 의해 '장로교'가 먼저 생겼고 영국의 웨슬리의 신앙 운동으로 '감리교'가 생겼습니다. 약식세례보다 초대교회의 침례 방식을 중요시하는 사람들이 '침례교회'를 만들었고 예수님의 거룩하심을 본받고자 성결을 중요시하는 사람들이 '성결교'를 만들었어요. 또 오순절의 성령운동으로 돌아가 머리가 아닌 가슴으로 뜨겁게 예수를 믿자는 운동이 '오순절 순복음교회'가 되었으며 사회 봉사를 강조하는 사람들이 '구세군'을 만들었지요. 이처럼 기독교는 각자의 신학 사상을 존중하며 자기의 성격에 맞는 교회를 택하여 믿음생활을 하고 있답니다. 그러나 교파가 다르다고 해서 신앙의 본질이 다른 것은 아닙니다. 그들은 하나의 성경을 하나님의 말씀으로 믿고 예수님을 구주로 고백하고 있거든요. 또 예수님의 십자가 대속으로 값없이 죄를 용서받았다는 것과 예수님이 죽으신지 3일 만에 부활하셨다는 것을 믿으며 이를 통해서만 구원받을 수 있다는 것을 다 같이 믿고 있답니다.

나무에 가지는 많지만 뿌리는 하나인 것과 같지요.

4. 교회가 사회에 기여하는 것은 별로 없으면서 건물만 짓고 너무 난립되어 거부감이 생긴다는 사람

평소 교회가 지역사회의 필요를 채워 주지 못하고 성도들이 생활의 미덕을 보여주지 못했기 때문에 이런 반응이 있을 수 있습니다. 이 문제가 먼저 해결되지 않으면 전도가 어렵고 열매를 맺기도 어렵습니다. 이에 따라 많은 불신자가 교회에 대한 그릇된 선입견과 불신을 갖고 있습니다. 그리스도인들은 성경을 읽고 있지만, 전도 대상자들은 그리스도인의 생활을 읽고 있다는 사실을 명심해야 합니다. 우리 그리스도인은 삶을 통해 영생의 실제의 모습을 보여 줄 수 있어야 합니다. 이런 유형의 사람들에게는 우리 교회가 안고 있는 한계점과 문제점을 솔직히 인정하고 이를 개선하기 위해 노력하고 있음을 이해시켜 주어야 합니다.

또한, 왜 교회가 늘어나고 있는가에 초점을 맞추어 복음을 전하는 것이 효과적입니다.

전도자 : 선생님 말씀대로 교회가 한다고 하기는 하지만 나누고 베푸는 일에 상당히 미약했음을 인정합니다. 교회가 마땅히 해야 할 일 중에 사회봉사도 중요한 일인데 도움을 많이 주지 못하고 있습니다. 또 많은 그리스도인이 교회에 나오지만 어떻게 사는 것이 하나님의 뜻대로 사는 것인지 모르는 경우도 많습니다. 솔직히 말씀드려 저도 교회에 오래 다녔지만 부족한 점이 많아요. 저의 앞가림도 제대로 못하는 형편이지요. 그러나 어떻게든 하나님 말씀대로 이웃을 위해 봉사하고 사랑을 실천하며 살려고 노력하고 있다는 점만은 분명히 말씀드릴 수 있어요. 그런데 신앙이 깊은 분들 중에는 정말 이름도 없이, 빛도 없이 남모르게 헌신적으로 봉사하는 삶을 살고 계시는 분들이 많습니다.

성경에 "서로 돌아보아 사랑과 선행을 격려하며 모이기를 폐하는 어떤 사람들의 습관과 같이 하지 말고 오직 권하여 그 날이 가까움을 볼수록 더욱 그리하자"(히 10:24-25)고 말씀하고 있지요.

전도 대상자 : 그런데 왜 우리나라에는 교회가 이리 많은지 온통 붉은 십자가가 널렸어요. 교회 건물을 이렇게 많이 짓는 것은 낭비가 아닐까요. 저는 이것도 사회적인 문제라고 생각해요.

전도자 : 한국에 처음 온 외국인 중에 선생님과 같은 말씀을 하는 사람이 있다고 들었어요. 정말 교회가 동네마다 많은 것은 사실이에요. 하지만 술집이나 빠찡꼬, 같은 유흥시설이 많은 것보다는 낫지 않나요? 요즘은 브랜드가 중요시 되는 시대이지요. 장사가 잘되는 브랜드는 사람들의 호응도 좋아서 전 세계적으로 많은 사람에게 동시에 동일한 서비스를 제공하지요. 마찬가지로 교회가 이렇게 많다는 것은 그만큼 교회를 찾는 사람들이 많다는 반증이 아닐까요. 그런데 선생님은 교회를 찾는 사람들이 왜 이렇게

많은지 생각해 보셨나요? 그 이유가 궁금하지 않으세요? 그것은 바로 현대인들이 영혼에 대한 갈급함과 쉼을 얻고 싶은 생각이 간절하기 때문일 거예요. 성경에 "수고하고 무거운 짐 진 자들아 다 내게로 오라 내가 너희를 쉬게 하리라"(마 11:28)고 하셨고 또 "너희 목마른 자들아 물로 나아오라 돈 없는 자도 오라 너희는 와서 사 먹되 돈 없이, 값 없이 와서 포도주와 젖을 사라 너희가 어찌하여 양식 아닌 것을 위하여 은을 달아 주며 배부르게 하지 못할 것을 위하여 수고하느냐 내게 듣고 들을지어다 그리하면 너희가 좋은 것을 먹을 것이며 너희 자신들이 기름진 것으로 즐거움을 얻으리라"(사 55:1-3)고 하셨거든요.

5. 헌금을 내는 것이 싫거나 부담이 되어 교회에 나가지 못한다는 사람

전도 대상자 : 먹고 살기도 힘든데 헌금 내는 것이 부담스러워서 교회에 가기가 힘들어요.

전도자 : 맞아요. 처음엔 누구나 그런 생각을 가질 수

있어요. 근데 만일 선생님에게 두 명의 자녀가 있는데 한 자녀는 기쁘게 돈을 드리며 여행 다녀오시라고 하고 또 한 자녀는 인상을 찌푸리며 "꼭 지금 여행을 다녀오셔야겠어요? 돈도 없는데……."라며 마지못해 돈을 건넨다면 선생님의 기분이 어떻겠어요. 아무래도 첫 번째 자녀가 드리는 돈을 기쁘게 받으시겠지요?

하나님도 마찬가지예요. 성경에 보면, "각각 그 마음에 정한 대로 할 것이요 인색함으로나 억지로 하지 말지니 하나님은 즐겨 내는 자를 사랑하시느니라"(고후 9:7)로 말씀하고 있어요.

그리고 헌금이란 복을 받는 통로이기 때문에 믿음으로 기쁘게 내는 것이지 교회에서 억지로 강요하는 일은 절대 없으니 먼저 부담을 가지실 필요가 없습니다.

6. "성경은 너무 비과학적이고 합리적이지 않기 때문에 성경을 믿을 수 없다"고 하는 사람

이런 주장을 하는 사람들은 성경도 사람이 쓴 것이 아니냐는 주장을 합니다. 사실 성경은 40여 명의 사람에 의해 히브리어, 아람어, 헬라어로 쓰였습니다. 이런 유형의 사람은 이런 사실을 알고 성경을 자기 지식과 시각으로 보고자 하거나 복음을 거부하기 위한 방편으로 이렇게 반응합니다. 영적인 일에 무관심하다가 반대를 위한 반대를 하는 경우가 많습니다.

이는 사탄의 연막전술일 수도 있습니다. 그러므로 기도하는 자세로 경청하되 이런 질문 앞에 당황해서는 안 됩니다. 바울은 헬라에서 전도할 때 성경을 믿지 않은 사람들에게도 성경의 객관적인 권위를 가지고 선포하여 몇몇 사람을 그리스도에게 인도했습니다.

전도자 : 성경은 사람에 의해 기록된 것이 사실입니다. 그러나 성령의 감동을 받아 기록된 하나님의 말씀입니다. 성경이 하나님의 말씀임을 확신할 수 있는 근거는 신구약 66권의 저자와 장소, 때가 천차만별임에도 불구하고 구약 성경에 나온 말씀이 신약 성경에 가서 하나도 어긋남이 없이, 그대로 이루어졌다는 것입니다. 몇 천 년의 시차와 서로 다른 장소를 배경으로 하는 40여 명의 사람이 각기 자기 생각을 썼다면 이런 일이 있을 수가 있겠습니까? 하나

님의 영감으로 씌어지지 않고서는 결코 그렇게 될 수가 없습니다.

성경에 '모든 성경은 하나님의 감동으로 된 것으로 교훈과 책망과 바르게 함과 의로 교육하기에 유익'(딤후 3:16)하다고 기록 되었으며 "예언은 언제든지 사람의 뜻으로 낸 것이 아니요 오직 성령의 감동하심을 받은 사람들이 하나님께 받아 말한 것임이라"(벧후 1:21)고 하셨습니다. 이 말씀은 성경이 하나님의 말씀임을 분명하게 보여 줍니다.

❖ ❖ ❖

믿더라도 나중에 믿겠다는 유보형

지금이 바로 기회이며 내일은 기약할 수 없다는 점을 강조하고 차후를 위해 약속을 받아두어야 합니다.

1. 믿고 싶어도 믿어지지 않는다는 사람

믿음을 갖고 싶은데 영 믿어지지가 않는다는 사람이 있습니다. 이런 사람들은 대부분 자신의 잘못된 고정관념과 판단 기준을 갖고 있습니다. 전도자는 이런 사람들이 믿음을 소유할 수 있도록 바른길을 가르쳐 주어야 합니다.

전도 대상자 : 믿고는 싶으나 아무리 노력해도 믿어지지가 않아요.

전도자 : 저도 그럴 때가 있었습니다. 믿는다는 것이 쉬운 일이 아니지요. 믿음은 하나님의 선물이므로 먼저 "나는 예수를 믿습니다."라고 입으로 시인해 보세요. 그리고

나에게 믿음을 달라고 기도해 보세요. 그러면 훨씬 좋아질 것입니다. 성경에 "사람이 마음으로 믿어 의에 이르고 입으로 시인하여 구원에 이르느니라"(롬 10:10)고 하셨고 또 "믿음이 없이는 하나님을 기쁘시게 하지 못하나니 하나님께 나아가는 자는 반드시 그가 계신 것과 또한 그가 자기를 찾는 자들에게 상 주시는 이심을 믿어야 할지니라"(히 11:6)고 하셨답니다.

2. "지금은 믿기 싫고 좋은 세상 즐기다가 나중에 믿겠다"는 사람

예수 믿기를 내일로 미루는 사람에게 전도자는 인생에서의 내일은 불확실한 날이며 보장받을 수 없는 것임을 가르쳐 줌으로써 그들이 구원 얻을 때를 놓치지 않도록 이끌어 주어야 합니다.

전도 대상자 : 믿고는 싶지만 지금은 시간이 없어요. 나중에 시간적 여유가 나면 믿어 보겠습니다.

전도자 : 선생님의 생각에도 일리가 없는 것은 아니에

요. 그러나 우리 중 누가 내일 일을 장담할 수 있겠습니까? 그리고 살아보니 기회란 언제나 찾아오는 것이 아니더군요. 또 순간의 선택이 평생을 좌우한다고도 합니다. 지금 제가 선생님을 만난 이 순간이 그런 기회 인 줄도 모르지 않습니까. 성경에 "들으라 너희 중에 말하기를 오늘이나 내일이나 우리가 어떤 도시에 가서 거기서 일 년을 머물며 장사하여 이익을 보리라 하는 자들아 내일 일을 너희가 알지 못하는도다 너희 생명이 무엇이냐 너희는 잠깐 보이다가 없어지는 안개니라"(약 4:13-14)고 하셨고 "너는 내일 일을 자랑하지 말라 하루 동안에 무슨 일이 일어날는지 네가 알 수 없음이니라"(잠 27:1)고 하셨습니다.

선생님은 지금 할 일도 많고 바쁘니 좋은 세상 즐기다가 나중에 믿겠다고 생각하실지 모르지만, 성경 말씀에 "내가 내 영혼에게 이르되 영혼아 여러 해 쓸 물건을 많이 쌓아 두었으니 평안히 쉬고 먹고 마시고 즐거워하자 하리라 하되 하나님은 이르시되 어리석은 자여 오늘 밤에 네 영혼을 도로 찾으리니 그러면 네 준비한 것이 누구의 것이 되겠느냐"(눅 12:19-20)고 하셨습니다. 잠깐 보이다가 없어지는 안개와 같은 인생을 사는 우리에게 내일은 결코 보장

받을 수 없습니다. 오늘 하루 동안에 무슨 일이 날는지 알 수 없기 때문이지요. 그러므로 차일피일 늦춰서 구원을 놓칠 것이 아니라 오늘, 바로 지금 이 시간에 예수님을 구주로 영접하여 구원을 받아야 합니다.

3. "과거에 믿었으나 지금은 믿지 않는다"는 사람

전도 현장에 나가 보면 많은 사람이 "옛날에 교회 다녀 봤으나 지금은 믿지 않는다."라고 합니다. 전도 대상자 중 과거에 주일학교나 결혼 전 신앙생활을 하던 사람이 많습니다.

남자의 경우 군대생활을 통해 한 번쯤 교회를 다녀본 경험이 있습니다. 그러므로 그들의 과거 교회 배경을 찾아낸다면, 일반적인 이야기에서 영적인 대화로 들어갈 수 있는 전도의 접점을 찾을 수 있습니다. 이들과의 대화에서는 이들 주변에 있는 신앙인을 찾는 것이 매우 중요합니다. 이들 대부분은 주변에 신실한 믿음의 사람들이 이 영혼을 위해 기도하고 있음을 보게 됩니다. 이러한 노력이 중요한 것은 기도하는 형제나 부모의 마음으로, 전도 대상자에게 친근감 있게 다가갈 수 있기 때문입니다. 그런데 이러한 대부분의 사람은 예수 그리스도를 개인적으로 만난 체험이 없는, 사람들입니다. 또 교회에서 요구하는 봉사나 헌금 등이 부담스러웠거나 교회나 교인의 행동에 실망하여 교회를 떠난 사람일 경우입니다. 그러므로 전도자는 전도 대상자가 말하는 어감에 따라 적절히 대응하여야 합니다.

1) 교인 중에 좋지 않은 사람 때문에 그만둔 경우

전도자 : 기독교인들 가운데도 선하지 못한 사람이 있어요. 혹시 선생님이 그런 사람들에게 피해를 보신 적이 있으시다면 제가 대신 사과드릴게요. 하지만 중요한 것은 우리가 믿는 것은 사람을 보고 믿는 것이 아니라 하나님을 믿는다는 것이지요. 만약 생명이 위독한 환자가 있는데 그 병원에 있는 간호사가 마음에 들지 않아 병원에 가지 않는다면 얼마나 어리석은 일이겠습니까. 그러므로 우리를 구원하시려고 온갖 수치를 무릅쓰고 십자가에 달려 돌아가신 예수님만 바라보세요. 성경에 "믿음의 주요 또

온전케 하시는 이인 예수를 바라보자 저는 그 앞에 있는 즐거움을 위하여 십자가를 참으사 부끄러움을 개의치 아니하시더니 하나님 보좌 우편에 앉으셨느니라"(히 12:2)고 하셨습니다.

2) 교회에 다녀봤자 별로 감동도 없고 삶에 변화도 없어서 그만두었다는 경우

전도자 : 그렇습니까. 충분히 이해가 됩니다. 그러나 교회 다니는 것이 중요한 것이 아니라 하나님의 말씀을 깨닫고 새로운 사람으로 변화되는 것이 중요합니다. 선생님께서 다시 교회에 오셔서 신앙생활을 좀 더 하시면 분명히 물과 성령으로 거듭나는 놀라운 체험을 하시게 되리라고 확신합니다. 제가 책임지고 도와드리겠습니다. 예수님은 "진실로 진실로 네게 이르노니 사람이 물과 성령으로 나지 아니하면 하나님 나라에 들어갈 수 없느니라"(요 3:5)고 하셨어요.

3) 주변에 나를 위해 기도해 주는 사람이 있어 교회에 나가지 않아도 천국에 갈 수 있을 것이라는 경우

전도자 : 그러니까 선생님께서는 주변 분들의 신앙심으로, '나 하나쯤 천국에 들어가지 않겠는가'하는 생각을 갖고 계시군요. 어떤 사람이 자기 부인이 믿음이 좋으니까 마누라 치마꼬리를 잡고도 천국에 갈 수 있다고 말하는 것을 보았습니다. 그러나 부인이 죽는다고 남편도 함께 죽는 것은 아니잖아요. 이와 마찬가지로 구원은 개인적인 것입니다. 부모에게 물려받을 수도 없고 남에게서 빌려올 수도 없으며 심지어 자신의 노력으로도 얻을 수 있는 것이 아닙니다. 오직 예수를 믿음으로 하나님께서 주시는 영생의 선물을 받는 것입니다.

성경은 "영접하는 자 곧 그 이름을 믿는 자들에게는 하나님의 자녀가 되는 권세를 주셨으니 이는 혈통으로나 육정으로나 사람의 뜻으로 나지 아니하고 오직 하나님께로부터 난 자들이니라"(요 1:12-13)고 하셨습니다.

◆◆◆
기타

1. "자살하면 지옥에 가느냐"고 묻는 사람

전도 대상자 : 요즘 우리나라에 자살하는 사람이 많아졌는데 착한 일을 많이 한 사람도 자살하면 지옥에 가나요?

전도자 : 물론 그렇습니다. 생명은 하나님께서 주신 선물이므로 존엄한 것입니다. 그러므로 살고 죽는 것은 하나님께서만 결정하실 수 있습니다. 그래서 성경에는 살인하지 말하고 하셨습니다. 인간이 만든 법에도 살인은 큰 죄잖아요.

자살은 회개의 기회가 전혀 없기에 지옥에 갈 수밖에 없는 무서운 죄입니다. 우리나라가 요즘 물질적으로는 풍요하게 되었는데 오히려 자살하는 사람이 늘어나고 있어요. 물질적으로 잘살게 되면 행복해질 줄 알았는데, 물질적인 풍요가 인간의 영혼에 진정한 만족을 줄 수 없다는 것을 말해 주는 것 아닐까요.

성경에 "주 예수를 믿으라 그리하면 너와 네 집이 구원을 받으리라"(행 16:31)고 하셨지요.

2. "예수 믿지 않고 이 세상을 떠난 사람들은 어떻게 되느냐"고 묻는 사람

이런 질문에는 직접 대답하는 것보다 전도 대상자와 현재 살아 있는 가족들의 영혼구원에 초점을 맞추어 전도 하는 것이 중요합니다. 믿음생활을 하다 보면 자연히 예수님을 믿지 않고 이 세상을 떠나면 천국에 가지 못한다는 것을 알게 될 것이기 때문입니다.

전도 대상자 : 예수님을 믿지 않고 돌아가신 저희 부모님은 어떻게 되나요?

전도자 : 선생님이 돌아가신 부모님에 대해 걱정하시는 효심이 대단하십니다. 선생님의 부모님이 교회는 다니지 않으셨지만, 혹시 누군가의 전도를 받고 마음속으로 예수님을 영접했는지는 알 수 없지 않습니까? 만약 그렇게라도 예수를 믿으셨다면 아마 천국에 가셨을 거예요.

그렇기 때문에 믿지 않는 사람들에게 예수님을 전한다는 것이 얼마나 중요한지 몰라요. 그러니 선생님도 예수를 믿고 값없이 얻은 천국 영생을 아직 예수님을 믿지 않는 가족이나 친척 그리고 친구들에게 꼭 전해보세요. 성경에 "너는 말씀을 전파하라 때를 얻든지 못 얻든지 항상 힘쓰라"(딤후 4:2)고 하셨고, "주 예수를 믿으라 그리하면 너와 네 집이 구원을 받으리라"(행 16:31)고 하셨답니다.

3. "공룡도 하나님이 만드셨냐"고 묻는 사람

전도 대상자 : 하나님이 사람을 만들기 훨씬 전에 공룡 시대가 있었던 것 아닌가요?

전도자 : 저도 한때 그것이 궁금했었어요. 그런데 하나님이 천지를 창조하실 때 "땅은 생물을 그 종류대로 내되 가축과 기는 것과 땅의 짐승을 종류대로 내라 하시니 그대로 되니라"(창 1:24)고 성경에 기록되어 있어요. 그러니깐 공룡도 다른 동물들과 마찬가지로 하나님께서 창조하실 때 같이 창조된 것이지요. 그리고 사람과 함께 지구 상에

서식하다가 노아의 대홍수 때 멸종된 것 같아요.

이는 과학적으로도 증명할 수 있다고 해요. 공룡화석은 전 세계 거의 모든 지역에 퍼져 있지만, 공룡뿐만 아니라 지구 상의 어떤 생물도 진화의 중간 단계의 화석은 찾아볼 수 없다고 해요. 이는 모든 생물을 하나님이 완벽하게 지금의 모양대로 창조하셨기 때문이지요.

1880년대 말 미국 그랜드 캐니언 협곡 부근에서 공룡과 사람이 함께 그려진 벽화가 발견됨으로써 노아의 대홍수 이전까지는 사람과 공룡이 함께 살았을 것이라는 추정이 가능해졌어요.

4. "UFO와 외계인은 진짜 존재하나요"라고 묻는 사람

전도대상자 : UFO와 외계인은 진짜 존재하나요?

전도자 : 예. 저도 예전에 그게 너무 궁금하더라고요. 사실, UFO(Unidentified Flying Object)는 미확인 비행물체라는 뜻으로 많은 사람이 우리보다 앞선 문명을 가진 외계인과 연관 지어 생각해요. 하지만 성경에서는 외계인에 대한

언급이 없어요. 과학자들도 지구 외 다른 행성에서는 인간이 살 수 있는 환경이 못 된다고 해요.

결국, UFO와 외계인은 존재하지 않는 것이지요. 무엇보다도 하나님은 지구에 사는 우리에 대해서만 관심을 두고 사랑을 베푸십니다.

성경에 "하나님이 세상을 이처럼 사랑하사 독생자를 주셨으니 이는 그를 믿는 자마다 멸망하지 않고 영생을 얻게 하려 하심이라"(요 3:16)고 하셨거든요.

새신자 양육법

복음을 전하여 사람들을 교회로 인도했다고 해서 전도자의 사명이 완수된 것은 아닙니다. 새신자를 돌보고 양육하는 것이 더욱 중요합니다. 새신자는 아직 자립할 능력이 없으므로 돌보아주지 않으면 안 됩니다. 사단은 우는 사자와 같이 이제 갓 그리스도를 믿게 된 이들을 넘어뜨리려고 기회를 엿봅니다. 따라서 전도자는 먼저 기도로 마귀의 세력을 묶어야 합니다. 말씀으로 권면하고 성령 가운데서 기쁨이 충만한 생활을 하도록 인도해 주어야 합니다.

◆ ◆ ◆

결신하고 영접한 사람은 어떻게 해야 합니까?

처음부터 무리하게 성경공부를 인도하지 말고 우선 인격적인 교제를 강화해야 합니다. 상황에 따라서 예수 그리스도의 은혜와 축복을 소개하고 사랑을 베풀어서 새신자로 등록시킵니다. 서로의 삶을 나누고 이해하는 친밀한 관계 형성과 만남에 주력해야 합니다. 만날 약속시간과 장소는 매주 같은 요일과 같은 장소로 고정해 두는 것이 좋습니다. 속히 구역이나 교구 봉사처 등 교회 내 공동체 속의 다른 사람이나 또래들과 친교할 수 있도록 배려해 주며 관계를 형성시켜 주어야 합니다. 진단질문을 통해 새신자의 영적 상태를 점검하여야 합니다.

구원의 확신을 갖도록 도와주어야 합니다
죄를 용서받고 하나님의 자녀가 되었다는 구원의 확신은 기독교 신앙의 중심입니다. 구원의 확신이 없는 사람은 진정한 의미에서 그리스도인이라고 할 수 없습니다. 오랫동안 교회를 다닌 사람 중에도 자신이 구원을 받았다는 확신을 갖지 못한 사람들이 많습니다. 이런 사람은 갈대와 같아서 삶 가운데 환란과 핍박이 다가오면 미련 없이 교회를 떠나고 예수님을 부인합니다. 또한, 이런 사람은 성령이 그 안에 거하시지 않기 때문에 열매를 맺지 못하고 복음도 전하지 못합니다.

◆◆◆

어떻게 구원의 확신을 갖게 할까요?

구원의 확신은 자기가 원한다고 해서 얻어지는 것이 아닙니다. 구원은 하나님으로부터 주어지기 때문에 하나님의 말씀과 성령의 감동 감화하심으로 얻을 수 있습니다. 하나님은 구원의 길을 이미 성경 가운데 알려 주셨습니다. 그러므로 그것을 믿고 입으로 시인하는 자마다 성령님이 구원의 사실을 깨닫게 하시고 새 영을 불어넣어 확신을 갖게 하십니다.

"모든 사람이 죄를 범하였으매 하나님의 영광에 이르지 못하더니 그리스도 예수 안에 있는 속량으로 말미암아 하나님의 은혜로 값 없이 의롭다 하심을 얻은 자 되었느니라"(롬 3:23-24)

"네가 만일 네 입으로 예수를 주로 시인하며 또 하나님께서 그를 죽은 자 가운데서 살리신 것을 네 마음에 믿으면 구원을 받으리라 사람이 마음으로 믿어 의에 이르고 입으로 시인하여 구원에 이르느니라"(롬 10:9-10)

이렇게 우리가 믿는 바를 입으로 시인하고 확고히 붙잡으면 성령님이 임하셔서 우리 마음속에 평안과 기쁨으로 구원의 확신을 주십니다. 구원의 확신을 갖게 된 날, 그 날이 바로 우리의 영적인 생일입니다. 하나님의 자녀로 거듭 태어난 날입니다.

"하나님께 감사하리로다 너희가 본래 죄의 종이더니 너희에게 전하여 준 바 교훈의 본을 마음으로 순종하여 죄로부터 해방되어 의에게 종이 되었느니라"(롬 6:17-18)

이렇게 새신자가 예수님을 마음에 구주로 믿고 입으로 시인하여 구원의 확신을 얻고 나면 전도자는 큰 기쁨으로 단을 거두게 됩니다.

하나님의 말씀을 가르쳐 주어야 합니다

구원의 확신이 새싹과 같다면 말씀 안에서의 성장은 꽃피고 열매 맺는 것과 같습니다. 성령님의 도우심으로 영이 살아나는 영생을 얻었으면 당연히 하나님 나라의 양식을 먹어야 합니다. 우리가 먹어야 할 하나님 나라의 양식은 하나님의 말씀입니다.

"사람이 떡으로만 살 것이 아니요 하나님의 입으로부터 나오는 모든 말씀으로 살 것이라"(마 4:4)

새신자가 주 안에서 자라기 위해서는 정기적으로 하나님의 말씀을 읽어 영양을 섭취하여야 합니다. 교회에 나와서 말씀을 듣고 먹음으로써 성장하기도 하지만, 전도자가 처음 몇 개월 동안은 정기적으로 하나님의 말씀 가운데서 새신자에게 꼭 필요한 구절들을 가르쳐 주고 깨닫게 할 필요가 있습니다.

우리가 성경을 가르쳐야하는 이유는 성경은 하나님의 말씀으로 성도들의 생각을 깨끗하게 하며 믿는 자의 영적인 양식이 되기 때문입니다.

"이는 곧 물로 씻어 말씀으로 깨끗하게 하사 거룩하게 하시고 자기 앞에 영광스러운 교회로 세우사 티나 주름 잡힌 것이나 이런 것들이 없이 거룩하고 흠이 없게 하려 하심이라"(엡 5:26-27)

"하나님의 말씀은 살아 있고 활력이 있어 좌우에 날선 어떤 검보다도 예리하여 혼과 영과 및 관절과 골수를 찔러 쪼개기까지 하며 또 마음의 생각과 뜻을 판단하나니"(히 4:12)

그러므로 전도자는 새신자에게 하나님의 말씀을 부지런히 가르쳐 그가 올바로 성장할 수 있도록 도와주어야 합니다.

교회의 생활에 적극적으로 참여하게 해야 합니다

그리스도인의 영적인 성장은 예수님 안에 있을 때 가능합니다. 교회는 눈에 보이지 않는 영적인 예수님의 몸입니다. 그 몸의 지체된 그리스도인들은 마땅히 머리 되시는 예수님 안에 있어야 합니다. 예수님은 자신을 포도나무로 성도를 가지로 비유하시면서 이렇게 말씀하셨습니다.

> "내 안에 거하라 나도 너희 안에 거하리라 가지가 포도나무에 붙어 있지 아니하면 스스로 열매를 맺을 수 없음 같이 너희도 내 안에 있지 아니하면 그러하리라 나는 포도나무요 너희는 가지라 그가 내 안에, 내가 그 안에 거하면 사람이 열매를 많이 맺나니 나를 떠나서는 너희가 아무 것도 할 수 없음이라"(요 15:4-5)

성도들이 포도나무 되시는 예수님 안에 거하기 위해서는 주의 이름으로 모이는 것을 게을리해서는 안 됩니다. 교회는 주의 성령님이 거하시고 하나님의 말씀이 선포되며, 영육이 치료되는 역사가 일어나는 곳입니다. 그러므로 새신자의 영적인 성장에 있어서 교회 생활이란 매우 중요합니다.

"또 약속하신 이는 미쁘시니 우리가 믿는 도리의 소망을 움직이지 말며 굳게 잡고 서로 돌아보아 사랑과 선행을 격려하며 모이기를 폐하는 어떤 사람들의 습관과 같이 하지 말고 오직 권하여 그 날이 가까움을 볼수록 더욱 그리하자"(히 10:23-25)

그러므로 새신자를 양육하기 위해서는 주일마다 교회에 출석하도록 하고 수요 예배, 금요 철야, 구역 예배 등에 참석하도록 해야 합니다. 특히 가정 예배를 시작하도록 권면해야 합니다.

성령 세례를 받게 해야 합니다

전도자는 새신자들이 가능하면 신속하게 성령 세례를 받도록 인도하고 도와주어야 합니다. 성령님은 성도들의 생각과 생활 속에 거룩함을 가져다주시며 성도들이 어려운 일을 당하여 낙심할 때에 위로하시고 도우십니다.

"내가 아버지께 구하겠으니 그가 또 다른 보혜사를 너

희에게 주사 영원토록 너희와 함께 있게 하리니 그는 진리의 영이라 세상은 능히 그를 받지 못하나니 이는 그를 보지도 못하고 알지도 못함이라 그러나 너희는 그를 아나니 그는 너희와 함께 거하심이요 또 너희 속에 계시겠음이라"(요 14:16-17)

"이와 같이 성령도 우리의 연약함을 도우시나니 우리는 마땅히 기도할 바를 알지 못하나 오직 성령이 말할 수 없는 탄식으로 우리를 위하여 친히 간구하시느니라"(롬 8:26)

성령 충만한 성도만이 능히 악한 사단의 궤계를 물리치고 승리할 수 있으며 아름다운 성령의 열매를 맺을 수 있습니다. 따라서 전도자는 새신자가 하루빨리 성령을 받을 수 있도록 적극적으로 도와야 합니다.

예수님을 전하게 해야 합니다

신앙생활은 흐르는 물과 같습니다. 항상 말씀을 받아먹기만 하고 나누지 않으면 곧 비만증에 걸려 허약한 신앙이 되고 맙니다. 신앙생활에서 가장 좋은 신진대사의 방법은 전도하는 것입니다. 전도할 때 나의 신앙에 새로운 확신이 다가옵니다. 전도할 때 구속의 은혜에 다시 한 번 감격하게 됩니다. 전도할 때 성령께서 나의 마음을 얼마나 지혜롭게 깨우쳐주셨는가를 깨닫게 됩니다. 전도할 때 나의 마음속에서 솟아오르는 성령의 기쁨을 느끼게 됩니다.

주의 복음은 세대를 두고 전파되어야 하며 이곳에서 저곳으로 땅 끝까지 전파되어야 합니다. 새신자가 전도자가 되고 전도자는 다시 새신자를 길러내는 순환이 이루어져야 합니다.

> "누구든지 주의 이름을 부르는 자는 구원을 받으리라 그런즉 그들이 믿지 아니하는 이를 어찌 부르리요 듣지도 못한 이를 어찌 믿으리요 전파하는 자가 없이 어찌 들으리요 보내심을 받지 아니하였으면 어찌 전파하리요 기록된 바 아름답도다 좋은 소식을 전하는 자들의 발이여 함과 같으니라"(롬 10:13-15)

새신자 양육의 실제

새신자의 양육은 갓 태어난 아기를 훌륭한 성인으로 키워내는 것과 같습니다. 예수님은 인류구원의 사역을 완성하기 위해 이 땅에 오셨지만 단순한 결신자를 얻기 위해 오신 것이 아닙니다. 예수님은 "너희는 가서 모든 민족을 제자로 삼아 아버지와 아들과 성령의 이름으로 세례를 베풀고 내가 너희에게 분부한 모든 것을 가르쳐 지키게 하라"(마 28:19-20)고 말씀하셨습니다.

이처럼 예수님은 몸소 제자들을 선택하셨을 뿐 아니라 제자들에게도 모든 민족을 제자로 삼으라고 명령하셨습니다. 단순히 한 사람의 영혼을 구원하는 것에 그치지 않고 그를 다른 사람의 영혼을 구하는 사명자로 양육하라는 뜻입니다. 이러므로 전도자는 자신이 산고 끝에 낳은 새신자를 어머니의 마음으로 돌보아주어 예수님의 제자로 키워야 합니다. 훌륭한 사명자로 성장시켜야 할 책임이 있다는 말입니다.

◆◆◆
어떻게 키워야 할까요?

젖을 주어야 합니다

새신자가 교회에 정착하기까지는 최소한 3개월이 걸립니다. 새신자를 교회로 인도한 후 생소한 환경에 그대로 내버려두면 교회에 정착하기 어렵습니다. 어머니가 아기를 품에 품고 젖을 먹여 키우는 마음으로 전도자는 예배에 같이 참석해 주어야 합니다. 아무리 바쁘더라도 새신자의 형편과 처지를 가장 잘 알고 있는 전도자가 예배에 같이 참석하여 새로운 환경에 어리둥절한 새신자를 안심시켜야 합니다. 어머니가 아기에게 젖을 주듯이 세심한 배려와 따뜻한 가르침이 어색함을 없애주고 안도시켜주기 때문입니다. 부득이하여 돌보아 줄 형편이 안 될 경우 유모를 구하듯이 잘 훈련된 양육자에게 인도해 주어야 합니다. 새신자가 전도자의 따뜻한 체온을 느낄 수 있도록 사랑의 마음을 표시해야 합니다. 하나님의 자녀 된 기념으로 성경책을 선물하면 좋습니다.

말을 가르쳐야 합니다

아기에게 "엄마, 아빠"라는 말을 가르치듯이 하나님의 자녀가 된 새신자에게 "하나님 아버지"라고 스스럼없이 부를 수 있도록 가르칩니다. 처음에는 어색하겠지만 반복시킴으로써 언제 어디서나 자연스럽게 "하나님 아버지"라고 고백할 수 있도록 훈련해야 합니다. 그것이 익숙해지면 형, 동생과 할아버지, 할머니와의 가족 관계를 가르치듯이 사도신경을 암송하도록 하여 자아정체성을 확립시킵니다. 그다음으로 말 가르치듯 하나님과의 대화법인 기도를 가르쳐 줍니다.

기도는 하나님께 말을 거는 방법입니다. 새신자에게 하나님은 기도에 응답하시는 분임을 설명하고 하나님을 아버지라고 부른 후 기도제목을 하나님께 구하도록 합니다. 그러고 나서 '예수그리스도 이름으로 기도드립니다. 아멘.'이라고 마무리짓도록 합니다. 그리고 예수님께서 "내 이름으로 무엇이든지 내게 구하면 내가 행하리라"(요 14:14)고 말씀하셨기 때문임을 가르칩니다. 그런 다음 하나님의 대답을 기다리는 심정으로 잠시 묵상하는 시간을 갖도록 합니다. 말을 배우는 속도에 따라 단둘이 기도할 기회를 만들어 먼저 시범을 보이고 혼자 기도해 보라고 권면합니다. 서툴더라도 잘했다고 칭찬과 격려를 아끼지 말아야 합니다. 주기도문은 기도의 모범이므로 뜻을 설명해준 후 암송하게 합니다. 기도할 때 되도록 주기도문 순서에 맞추어 기도하도록 가르칩니다.

기도할 때는 좋으신 아버지가 반드시 응답해 주실 것이라는 기대와 긍정적인 생각으로 간구하도록 가르칩니다. 한두 번 기도하다 포기하지 않도록 응답될 때까지 기도하라고 강조해야 합니다. 그리고 이미 응답받은 모습을 그리면서 기도하라고 가르칩니다. 기도를 마무리짓기 전에 반드시 응답되었음을 입으로 시인하고 선포하도록 합니다.

또 하나님께서 인간을 창조하신 이유는 찬양을 받기 위하심임을 가르칩니다. "이 백성은 내가 나를 위하여 지었나니 나를 찬송하게 하려 함이니라"(사 43:21)라고 하신 말씀을 인용해줍니다. 찬양이 얼마나 중요한 것인지를 강조해야 합니다. 먼저 공예배에서 자주 부르는 찬송가와 복음성가부터 시작하는 것이 좋습니다. 그래야만 예배에 적응하고 집중하기 쉽기 때문입니다. 악보를 볼 줄 모르는 사람에게는 전도자가 직접 가르쳐 주거나 찬양 테이프를 이용하는 것도 한 방법입니다. 최근에 유행되는 복음성가 보다는 수백 년 동안 은혜를 끼쳐온 찬송가를 부르도록 하는 것이 더 좋습니다. 그리고 찬송가의 작사 및 작곡의 배경과 곡에 대한 해설을 곁들어 줍니다. 찬양이 몸에 배고 생활화되도록 지도해줍니다. 교회 내에 찬송가 바르게 부르기 교실을 운영하여 참여하게 하는 것도 방법입니다.

걸음마를 가르쳐야 합니다

새신자를 담당 교육자와 구역식구들에게 인사를 시킴으로써 한 사람의 교인이 되었다는 소속감을 심어주어야 합니다. 걸음마를 배우는 아기가 넘어지기 쉬운 것처럼 신앙생활을 막 시작한 새신자에게 마귀는 크고 작은 시험을 합니다. 그러므로 새신자가 두려움과 회의를 품기 쉽습니다. 따라서 전도자는 새신자는 용기를 주고 따뜻한 격려와 위로를 아끼지 않으므로 새신자가 시험에 넘어지지 않도록 해야 합니다. 이러한 일을 전도자 혼자서는 감당하기 어려우므로 구역에 편입시켜 한 가족으로서 교재를 나누고 같이 중보기도를 하도록 합니다. 새신자가 성도의 교제와 봉사에 동참하도록 하여 믿음이 점점 자라도록 해야 합니다.

어린아이가 부모를 보고 배우듯이 새신자도 전도자를 보고 배웁니다. 새신자에게 가장 큰 영향을 미치는 사람은 전도자입니다. 새신자의 믿음에 영향을 주는 것은 전도자의 말이 아니라 그의 생활입니다. 이러므로 전도자는 행함이 있는 믿음으로 본을 보여주어야 합니다. 예수를 영접한 사람은 무엇보다도 사용하는 말이 달라져야 합니다. 옛사람이 사용하던 세상의 언어 습관을 버리고 새로운 언어 습관을 갖도록 해줍니다. 교회는 다양한 사람이 모이는 공동체이기 때문에 말이 많습니다. 이로 인해 새신자가 상처를 받지 않도록 지켜주는 한편, 덕을 세우는 은혜로운 언어 습관을 지닐 수 있도록 지도합니다. 항상 기뻐하고 범사에 감사하는 모습을 보여주어야 합니다.

젖을 떼고 밥을 먹도록 해주어야 합니다

이유식을 할 때 밥을 떠 먹여 주듯이 새신자에게도 밥을 떠 먹여 주는 수고가 요구됩니다.

교회에 처음 정착한 새신자 중에는 예배시간 설교에 관

심과 흥미를 갖는 사람도 있지만 대부분 지루하고 흥미없어 하는 경우가 많습니다. 이러므로 전도자는 예배 후 설교내용에 대하여 질문하고 보충하여 설명해 줌으로써 새신자의 이해를 도와주어야 합니다. 특히 이성적으로 이해하기 어려운 구절에 대해 믿음의 관점에서 바라볼 수 있도록 설명해주는 것이 중요합니다. 그리고 새신자 양육 프로그램에 참여하도록 인도하고 구역예배를 통해 말씀으로 양육해야 합니다. 이때 가장 중요한 것은 새신자와 전도자와의 인격적인 만남과 신뢰입니다. 말씀을 배워 안다는 것은 신앙생활에 첫걸음을 떼는 새신자에게 결코 소홀히 할 수 없는 일입니다.

그 이유는 성경을 공부해야 하나님의 뜻을 알게 되고 믿음이 바로 서며 올바른 신앙생활을 할 수 있기 때문입니다. 또 말씀은 영적 생활의 양식이기 때문이기도 합니다.

학교에 보내야 합니다

아이들이 자라면 유치원을 거쳐 학교에 보내듯이 새신자도 체계적인 신앙 교육을 받도록 해야 합니다. 가장 중요한 것이 가정교육이듯, 가정 예배와 구역 예배를 통해 섬기는 법을 가르쳐주어야 합니다. 예수님께서는 "인자가 온 것은 섬김을 받으려 함이 아니라 도리어 섬기려 하고 자기 목숨을 많은 사람의 대속물로 주려 함이니라"(막 10:45)고 하셨습니다. 또 예수님은 십자가에 달리시기 전날 제자들의 발을 씻겨주심으로 섬김의 본을 몸소 보여주셨습니다. 그러므로 전도자도 새신자에게 섬김의 본을 보여주어 새신자가 섬김의 삶을 살도록 몸으로 가르쳐주어야 합니다. 교회 내의 성경공부 프로그램에 적극적으로 참여하도록 하여 말씀을 체계적으로 배우게 합니다. 성경을 눈으로만 읽지 말고 묵상하도록 하여 하나님의 음성을 듣고 기록하는 습관을 길러주는 것이 필요합니다. 매일 영성 일기를 쓰도록하는 것이 좋습니다. 무엇보다도 중요한 것은 성령체험을 하도록 하는 것입니다. 예수님께 3년 반을 배운 제자들도 오순절 날 성령체험을 하기 전에는 무기력한 존재에 불과했습니다. 그러나 성령 충만을 받은 후 놀라운 사명자로 변했습니다. 성령 충만이란 성령님이 우리 마음과 생활을 온전히 지배하시고 잠기게 하는 상태를 말합니다. 성령이 충만해지면 말과 행동이 거룩하게 되고 생활

속에 능력이 나타납니다. 전도자는 새신자가 이처럼 전인적인 구원을 받을 수 있도록 성령대망회 등 성령집회로 인도하여 성령 세례를 받도록 해야 합니다.

사춘기를 슬기롭게 극복하도록 도와줍니다

신앙의 성장 과정에도 사춘기가 있습니다. 사람에 따라 빠르게 오기도 하고 늦게 오기도 하며 그 정도가 심하거나 약하기는 하지만 반드시 겪게 됩니다. 새신자가 교회생활에 익숙해질 때쯤 마귀는 한 영혼이 바로 서는 것을 막기 위해 최후의 발악을 합니다. 이때가 가장 위험합니다. 교회에 대한 불만이나 신앙생활에 대한 주변의 압박 또는 기도에 대한 응답의 지연, 예상치 못한 문제의 발생 그리고 세상의 유혹 등 여러 가지 형태의 시험이 새신자의 신앙을 근본부터 뒤흔들어 놓습니다. 이때 전도자는 당황하지 말고 인내심을 갖고 함께 기도해 주어야 합니다. 자신의 신앙적 체험과 간증을 통해 시험을 스스로 극복할 수 있도록 상담을 통해 도와주어야 합니다. 경험 많은 교역자와 신앙심 깊은 직분자들에게 도움을 받는 것이 좋습니다. 그리고

"너는 두려워하지 말라 내가 너를 구속하였고 내가 너를 지명하여 불렀나니 너는 내 것이라 네가 물 가운데로 지날 때에 내가 너와 함께 할 것이라 강을 건널 때에 물이 너를 침몰하지 못할 것이며 네가 불 가운데로 지날 때에 타지도 아니할 것이요 불꽃이 너를 사르지도 못하리니 대저 나는 여호와 네 하나님이요 이스라엘의 거룩한 이요 네 구원자임이라"(사 43:1~3)는 말씀 등으로 권면하여 용기를 북돋아 줍니다.

독립하여 가정을 이루고 자녀를 낳도록 해야 합니다

사람이 성인이 되어 자기의 몫을 하게 되면 독립하여 가정을 갖게 되고 자녀도 낳게 됩니다. 이처럼 장성한 믿음에 도달한 새신자는 예수님의 제자가 되어 사람을 낚는 어부가 되어야 합니다. 값없이 구원받은 자로서 예수님의 지상명령인 모든 민족을 제자로 삼는 사명자가 되도록해야 합니다. 그리하여 예수님의 제자로 자란 그가 전도자가 되어 또 다른 새신자를 낳는 선순환의 고리를 이루도록 해야 합니다.

◆◆◆ 확인해 봅시다

1. 전도자가 사명을 완수하려면 어떻게 해야 합니까?
2. 진정한 의미에서 기독교인은 어떤 사람입니까?
3. 구원의 확신은 누가 줍니까?
4. 새신자가 주 안에서 성장하고 열매 맺는 삶을 살려면 어떻게 해야 합니까?
5. 생동감 있는 신앙생활을 하려면 무엇을 해야 합니까?
6. 새신자는 어떻게 키워야 할까요?

◆◆◆ 다음 성구를 기록하고 묵상해 봅시다.

- 마 4:4
- 요 15:4-5
- 롬 8:26

부록

그들과 같이 우리도 복음 전함을 받은 자이나 들은 바 그 말씀이
그들에게 유익하지 못한 것은 듣는 자가 믿음과 결부시키지 아니함이라"

(히 4:2)

1. 전도할 때 주의해야 할 사항

1. 기도로 시작해서 기도로 끝내십시오.
2. 그리스도의 복음을 처음으로 깨달았을 때와 같은 심정으로 전하십시오.
3. 가장 가까운 사람부터 접근하여 교제하면서 전도하십시오.
4. 무익하고 쓸데없는 잡담은 피하십시오.
5. 이성(異性)에게 전도할 때에는 특별히 주의하십시오(동성끼리 전도하는 것이 바람직합니다).
6. 사람들을 두려워하지 마십시오. 하나님께서 전도자와 함께 하십니다.
7. 옷차림은 깨끗하고 단정하게 하십시오.
8. 친근한 태도와 부드럽고 상냥한 목소리로 전도하십시오.
9. 처음부터 끝까지 성령의 인도를 받으십시오.
10. 미소 짓는 얼굴로 인사하십시오. 미소를 잃지 않는 자는 사람도 잃지 않을 것입니다.
11. 전도 일지를 만들어서 이름과 결과를 기록하고 수시로 기도하십시오.
12. 긍정적인 태도를 가지고 대화의 주도권을 가지십시오.

13. 구역 예배와 구역 활동을 적극적으로 활용하십시오.
14. 주일에 교회로 인도할 때에는 직접 상대방의 집까지 가서 인도하십시오. 교회 앞에서 만나자거나 길가에서 만나는 약속은 될 수 있는 대로 삼가십시오.
15. 성경 구절은 연필이나 손가락으로 가리키며 읽게 하거나 읽어 주십시오.
16. 모든 대화를 자연스럽게 하되 교훈적으로 하지 마십시오.
17. 강압적으로 또는 마지못한 태도로 결신시키지 마십시오.
18. 상대방이 냉담하게 반응하고 반대하더라도 미소와 겸손한 자세로 대하십시오.
19. 상대방의 말을 잘 들어 주고 칭찬해 주십시오. 전도자는 입보다는 귀로 대화하는 사람입니다.
20. 작은 성경을 항상 가지고 다니십시오.
21. 토론이나 논쟁을 절대로 피하십시오.
22. 간증을 실감나게 하되 자기 자랑이 되지 않도록 하십시오.
23. 전도자가 다니는 교회를 소개할 때에는 최대한으로 겸손하게 하십시오.
24. 대화 중에 입에서 냄새가 나지 않도록 주의하십시오.
25. 생활에 관련된 가장 구체적인 문제를 가지고 접근하십시오.

26. 상대방을 깎아내리는 말이나 자세를 피하십시오.
27. 확인하는 물음을 대화 중에 하십시오.

    (예: 말씀드린 사실이 이해가 되십니까?)
28. 구원받은 간증은 넘치는 기쁨과 열정을 가지고 하십시오.
29. 간증은 다음 세 가지 요소가 들어가도록 하십시오.

    • 내가 예수를 믿기 전의 상태는 어떠했는지

    • 나는 어떻게 신자가 되었는지

    • 예수님께서 나의 삶에 어떤 의미와 변화를 주셨는지(이 점을 더욱 강조할 것)
30. 상대방의 흥미를 일으킬 수 있는 예화와 인용 구절을 사용하고 그림을 묘사하듯 시청각적으로 말하십시오.
31. 자신이 전도한 사람이 구원의 확신을 할 때까지 잘 가르치고 인도하며 격려하십시오.
32. 이 모든 것들보다도 가장 중요한 것은 예수 그리스도의 구원의 기쁜 소식인 복음을 얼마나 확실하게 보여 주느냐에 달려 있습니다. 그것은 말이 아니라 생활로써 전할 때에 가능하게 됩니다.

이 글을 읽는 모든 사람은 적어도 일주일에 한 사람 이상 전도하는 전도의 생활화를 통해 하나님께 영광 돌리시기 바랍니다.

2. 전도를 위한 성구

◆◆◆ 사랑의 하나님

"하나님이 세상을 이처럼 사랑하사 독생자를 주셨으니 이는 그를 믿는 자마다 멸망하지 않고 영생을 얻게 하려 하심이라"(요 3:16)

"도둑이 오는 것은 도둑질하고 죽이고 멸망시키려는 것뿐이요 내가 온 것은 양으로 생명을 얻게 하고 더 풍성히 얻게 하려는 것이라"(요 10:10)

"우리가 아직 죄인 되었을 때에 그리스도께서 우리를 위하여 죽으심으로 하나님께서 우리에 대한 자기의 사랑을 확증하셨느니라"(롬 5:8)

"사랑하는 자여 네 영혼이 잘됨 같이 네가 범사에 잘되고 강건하기를 내가 간구하노라"(요삼 1:2)

"볼지어다 내가 문 밖에 서서 두드리노니 누구든지 내 음성을 듣고 문을 열면 내가 그에게로 들어가 그와 더불어 먹고 그는 나와 더불어 먹으리라"(계 3:20)

"하나님이 그 아들을 세상에 보내신 것은 세상을 심판하려 하심이 아니요 그로 말미암아 세상이 구원을 받게 하려 하심이라"(요 3:17)

"내가 확신하노니 사망이나 생명이나 천사들이나 권세자들이나 현재 일이나 장래 일이나 능력이나 높음이나 깊음이나 다른 어떤 피조물이라도 우리를 우리 주 그리스도 예수 안에 있는 하나님의 사랑에서 끊을 수 없으리라"(롬 8:38-39)

◆◆◆ 죄인된 사람

"모든 사람이 죄를 범하였으매 하나님의 영광에 이르지 못하더니"(롬 3:23)

"의인은 없나니 하나도 없으며 깨닫는 자도 없고 하나님을 찾는 자도 없고 다 치우쳐 함께 무익하게 되고 선을 행하는 자는 없나니 하나도 없도다"(롬 3:10-12)

"그러므로 한 사람으로 말미암아 죄가 세상에 들어오고 죄로 말미암아 사망이 들어왔나니 이와 같이 모든 사람이 죄를 지었으므로 사망이 모든 사람에게 이르렀느니라"(롬 5:12)

"죄의 삯은 사망이요 하나님의 은사는 그리스도 예수 우리 주 안에 있는 영생이니라"(롬 6:23)

"한번 죽는 것은 사람에게 정해진 것이요 그 후에는 심판이 있으리니"(히 9:27)

◆◆◆ 사람의 노력

"하나님의 지혜에 있어서는 이 세상이 자기 지혜로 하나님을 알지 못하므로 하나님께서 전도의 미련한 것으로 믿는 자들을 구원하시기를 기뻐하셨도다"(고전 1:21)

"우리를 구원하시되 우리가 행한 바 의로운 행위로 말미암지 아니하고 오직 그의 긍휼하심을 따라 중생의 씻음과 성령의 새롭게 하심으로 하셨나니"(딛 3:5)

"그러므로 율법의 행위로 그의 앞에 의롭다 하심을 얻을 육체가 없나니 율법으로는 죄를 깨달음이니라"(롬 3:20)

◆◆◆ 구원의 길

"예수께서 이르시되 내가 곧 길이요 진리요 생명이니 나로 말미암지 않고는 아버지께로 올 자가 없느니라"(요 14:6)

"다른 이로써는 구원을 받을 수 없나니 천하 사람 중에 구원을 받을 만한 다른 이름을 우리에게 주신 일이 없음이라 하였더라"(행 4:12)

"네가 만일 네 입으로 예수를 주로 시인하며 또 하나님께서 그를 죽은 자 가운데서 살리신 것을 네 마음에 믿으면 구원을 받으리라 사람이 마음으로 믿어 의에 이르고 입으로 시인하여 구원에 이르느니라"(롬 10:9-10)

"예수께서 나아와 말씀하여 이르시되 하늘과 땅의 모든 권세를 내게 주셨으니 그러므로 너희는 가서 모든 민족을 제자로 삼아 아버지와 아들과 성령의 이름으로 세례를 베풀고 내가 너희에게 분부한 모든 것을 가르쳐 지키게 하라 볼지어다 내가 세상 끝날까지 너희와 항상 함께 있으리라 하시니라"(마 28:18-20)

◆◆◆ 죄사함의 은혜

"우리는 그리스도 안에서 그의 은혜의 풍성함을 따라 그

의 피로 말미암아 속량 곧 죄 사함을 받았느니라"(엡 1:7)
"하물며 영원하신 성령으로 말미암아 흠 없는 자기를 하나님께 드린 그리스도의 피가 어찌 너희 양심을 죽은 행실에서 깨끗하게 하고 살아 계신 하나님을 섬기게 하지 못하겠느냐"(히 9:14)

"그리스도 예수 안에 있는 속량으로 말미암아 하나님의 은혜로 값 없이 의롭다 하심을 얻은 자 되었느니라"(롬 3:24)

◆◆◆ 성령 충만의 은혜

"베드로가 이르되 너희가 회개하여 각각 예수 그리스도의 이름으로 세례를 받고 죄 사함을 받으라 그리하면 성령의 선물을 받으리니"(행 2:38)

"내가 아버지께 구하겠으니 그가 또 다른 보혜사를 너희에게 주사 영원토록 너희와 함께 있게 하리니 그는 진리의 영이라 세상은 능히 그를 받지 못하나니 이는 그를 보지도 못하고 알지도 못함이라 그러나 너희는 그

를 아나니 그는 너희와 함께 거하심이요 또 너희 속에 계시겠음이라"(요 14:16- 17)

"오직 성령이 너희에게 임하시면 너희가 권능을 받고 예루살렘과 온 유대와 사마리아와 땅 끝까지 이르러 내 증인이 되리라 하시니라"(행 1:8)

◆◆◆ 병 고침의 은혜

"친히 나무에 달려 그 몸으로 우리 죄를 담당하셨으니 이는 우리로 죄에 대하여 죽고 의에 대하여 살게 하려 하심이라 그가 채찍에 맞음으로 너희는 나음을 얻었나니"(벧전 2:24)

"나는 너희를 치료하는 여호와임이라"(출 15:26)

"이는 선지자 이사야를 통하여 하신 말씀에 우리의 연약한 것을 친히 담당하시고 병을 짊어지셨도다 함을 이루려 하심이더라"(마 8:17)

◆◆◆ 형통의 은혜

"우리 주 예수 그리스도의 은혜를 너희가 알거니와 부요하신 이로서 너희를 위하여 가난하게 되심은 그의 가난함으로 말미암아 너희를 부요하게 하려 하심이라"(고후 8:9)

"그리스도께서 우리를 위하여 저주를 받은 바 되사 율법의 저주에서 우리를 속량하셨으니 기록된 바 나무에 달린 자마다 저주 아래에 있는 자라 하였음이라 이는 그리스도 예수 안에서 아브라함의 복이 이방인에게 미치게 하고 또 우리로 하여금 믿음으로 말미암아 성령의 약속을 받게 하려 함이라"(갈 3:13-14)

"나의 하나님이 그리스도 예수 안에서 영광 가운데 그 풍성한 대로 너희 모든 쓸 것을 채우시리라"(빌 4:19)

◆◆◆ 재림과 영생의 은혜

"주께서 호령과 천사장의 소리와 하나님의 나팔 소리로

친히 하늘로부터 강림하시리니 그리스도 안에서 죽은 자들이 먼저 일어나고 그 후에 우리 살아 남은 자들도 그들과 함께 구름 속으로 끌어 올려 공중에서 주를 영접하게 하시리니 그리하여 우리가 항상 주와 함께 있으리라"(살전 4:16-17)

"내가 진실로 진실로 너희에게 이르노니 내 말을 듣고 또 나 보내신 이를 믿는 자는 영생을 얻었고 심판에 이르지 아니하나니 사망에서 생명으로 옮겼느니라"(요 5:24)

"예수께서 이르시되 나는 부활이요 생명이니 나를 믿는 자는 죽어도 살겠고 무릇 살아서 나를 믿는 자는 영원히 죽지 아니하리니 이것을 네가 믿느냐"(요 11:25-26)

"내가 그들에게 영생을 주노니 영원히 멸망하지 아니할 것이요 또 그들을 내 손에서 빼앗을 자가 없느니라 그들을 주신 내 아버지는 만물보다 크시매 아무도 아버지 손에서 빼앗을 수 없느니라"(요 10:28-29)

주역, 나를 보내소서